AF337060

INTRODUCTION MATHÉMATIQUE

A L'ÉTUDE

DE

L'ÉCONOMIE POLITIQUE

OUVRAGES PARUS ANTÉRIEUREMENT
A LA LIBRAIRIE ALCAN

LÉOPOLD LESEINE. Introduction générale à l'étude de l'économie politique. 1910. 1 vol. gr. in-8 . . . . 10 fr.

LOUIS SURET. Théorie de l'impôt progressif. 1910. 1 vol. gr. in-8, avec graphiques. . . . . 15 fr.

1254-10. — Coulommiers. Imp. PAUL BRODARD. — 10-10.

INTRODUCTION MATHÉMATIQUE

A L'ÉTUDE

DE

L'ÉCONOMIE POLITIQUE

PAR

LÉOPOLD LESEINE
Docteur en droit
(sciences politiques et économiques
et sciences juridiques).

LOUIS SURET
Docteur en droit
(sciences politiques et économiques
et sciences juridiques).

AVEC TROIS PLANCHES HORS TEXTE

PARIS

FÉLIX ALCAN, ÉDITEUR

LIBRAIRIES FÉLIX ALCAN ET GUILLAUMIN RÉUNIES

108, BOULEVARD SAINT-GERMAIN, 108

1911

AVANT-PROPOS

L'économie politique mathématique gagne de jour
n jour un plus grand nombre d'adeptes. Ceux-ci
nt à leur disposition deux revues, en partie con-
acrées à leurs études : l'*Economic Journal* et sur-
out le *Giornale degli Economisti*. Malheureusement
eurs lecteurs sont rares, car peu de personnes con-
aissent le calcul infinitésimal (calcul différentiel et
alcul intégral).

Aussi est-il venu à l'idée de quatre auteurs, un
uteur anglais, M. WICKSTEED, un auteur américain,
I. FISHER, et deux collaborateurs italiens,
1M. VIRGILII et GARIBALDI, d'exposer les éléments du
alcul infinitésimal, sous une forme très simple, très
ommode pour les personnes peu initiées au lan-
age mathématique. MM. VIRGILII et GARIBALDI y ont
jouté quelques notions de géométrie analytique,
'algèbre élémentaire et de trigonométrie. Enfin
I. WICKSTEED, d'une part, MM. VIRGILII et GARIBALDI,
e l'autre, ont appuyé leurs démonstrations mathé-
atiques d'exemples économiques, en général fort
ien choisis.

Notre but est le même que celui de ces économistes. Comme eux, nous désirons permettre au lecteur de comprendre, sans grands efforts, les œuvres de COURNOT, WALRAS, JEVONS, BARONE, PARETO, etc., etc. Suivant en ceci MM. VIRGILII et GARIBALDI, nous avons fait porter notre travail sur l'algèbre, la trigonométrie, la géométrie analytique et le calcul infinitésimal. Nous nous sommes efforcés de donner le plus possible d'exemples économiques, puisés dans les œuvres des auteurs les plus réputés de l'école mathématique. Nous avons cru devoir faire précéder cet essai d'une introduction où nous examinons, sans trop nous étendre, les critiques adressées à l'école mathématique et les arguments développés en sa faveur. Notons enfin qu'outre les ouvrages des auteurs précités, qui nous ont rendu de grands services, nous nous sommes adressés, au point de vue purement mathématique, au *Cours de Mathématiques* de CHARLES DE COMBEROUSSE, aux *Leçons d'Algèbre* de MM. BRIOT et GOURSAT, aux *Éléments de Mathématiques Supérieures* de M. H. VOGT et aux *Notions de Mathématiques* de M. JULES TANNERY.

Juillet 1910.   LÉOPOLD LESEINE,
Docteur en droit (ès sciences politiques
et économiques et ès sciences
juridiques).

Louis SURET,
Docteur en droit (ès sciences politiques
et économiques et ès sciences
juridiques).

INTRODUCTION MATHÉMATIQUE

A L'ÉTUDE

DE L'ÉCONOMIE POLITIQUE

INTRODUCTION[1]

La méthode mathématique peut s'entendre de deux façons : comme méthode d'exposition, c'est-à-dire comme méthode *didactique*, ou bien comme méthode d'investigation, c'est-à-dire comme méthode *heuristique*.

Comme méthode didactique, la méthode mathématique est assez ancienne[2]. QUESNAY, par exemple, a fait appel des calculs d'arithmétique pour expliquer son Tableau. Comme l'a dit HENRY MICHEL, les Physiocrates, qui avaient subi l'influence de DESCARTES, s'efforçaient d'appliquer es formules mathématiques aux faits sociaux, application

1. Cette introduction est extraite, en grande partie, de l'*Introduction générale à l'étude de l'économie politique*, de LÉOPOLD ESEINE, Paris, 1910, pp. 84-94 et 415-430.

2. Sur la méthode mathématique considérée comme méthode idactique, voir COSSA, *Histoire des doctrines économiques*, traduction BONNET, Paris, 1899, pp. 104-105, et KEYNES, *The scope and method of political economy*, 3e édition, Londres, 1904, pp. 252-260.

préconisée avant eux, suivant CONDORCET, par J. DE WITT. LE TROSNE en particulier, remarque M. GIDE, considérait l'économie politique comme une science exacte, puisqu'elle s'exerçait sur des objets mesurables. MARX, lui aussi, a eu recours aux illustrations mathématiques, si bien que M. SCHMOLLER en parle comme d'un mathématicien.

On a encore été plus loin et l'on considère comme mathématiciens, toujours au point de vue didactique, non seulement ceux qui recourent aux symboles proprement mathématiques, mais aussi ceux qui, a-t-on dit, sont mathématiciens sinon dans le langage, du moins dans le ton, c'est-à-dire dans la rigueur de leur logique, de leur déduction.

Pour HOBBES, par exemple, l'emploi de la méthode mathématique s'entend des déductions à tirer, relativement à la nature humaine, d'un principe reconnu par l'expérience [1]. On peut dire, dans ce sens, qu'au point de vue didactique ADAM SMITH et RICARDO sont des mathématiciens. A propos de RICARDO, il est intéressant de remarquer que sa doctrine a été exposée sous la forme mathématique par WHEWELL dans *Mathematical exposition of some doctrines of political economy* [2]. Comme le dit M. BERNARD [3], beaucoup de lois économiques sont de simples énoncés de théorèmes mathématiques dont la

---

1. Cf. HASBACH, Les fondements philosophiques de l'économie politique de Quesnay et de Smith, *Revue d'économie politique*, 1893, p. 790.

2. *Cambridge philosophical transactions*, III, pp. 191-230.

3. BERNARD, De la méthode en économie politique, *Journal des Économistes*, 1885, vol. II, p. 16.

émonstration suit une marche plus ou moins analogue
celle d'un théorème de géométrie.

Mais, aujourd'hui, lorsque l'on parle des économistes
e l'école mathématique, on n'a pas en vue ceux dont
ous venons de parler, c'est-à-dire ceux qui emploient
es symboles mathématiques, à titre d'illustration, ou
eux qui paraissent mener la déduction avec une maîtrise
elle qu'elle semble affecter une véritable rigueur mathé-
atique. Les économistes de l'école mathématique, au
ens actuel de cette expression, se distinguent des pré-
édents en ce que leur méthode mathématique n'est pas
ne méthode purement *didactique*, mais une véritable
éthode *heuristique*, une véritable méthode d'investi-
ation. Cette méthode, spécifique à l'école mathématique,
st basée sur les considérations suivantes :

Dans toute loi, il y a deux éléments :

1° Des *data* ou prémisses ;

2° Des *vincula* ou liens du raisonnement, qui dégagent
s conclusions résultant de la combinaison et du jeu des
ta.

En ce qui concerne les *data*, peu importe aux mathé-
aticiens que les prémisses soient ou non quantitatives.
a fixation d'un coefficient quantitatif sur une prémisse
'est pas *essentielle* à la science mathématique ; au con-
aire, celle-ci raisonne, par essence, sur des quantités
déterminées. Et, disent les mathématiciens, si, chemin
isant, au cours de nos raisonnements, nous fixons
es chiffres ou des lettres sur les prémisses que nous
laborons, c'est là un procédé purement *accidentel* des-
iné à faciliter notre tâche. Que les *data* soient ou non

susceptibles d'être transposés en chiffres, cela ne nous intéresse que d'une façon accessoire; l'essentiel, pour nous, est de savoir qu'entre tel et tel phénomène existe telle ou telle relation.

Nous n'entendons pas, ajoutent-ils, rendre quantitatif ce qui ne l'est pas, et fixer des coefficients quantitatifs sur des sentiments immesurables. Il nous suffit de savoir que tel phénomène est fonction de telle variable et, à l'aide des procédés propres au calcul infinitésimal, nous dégagerons les conséquences que cette relation comporte. Bref, le *datum* est essentiellement un rapport, une relation, et non pas un nombre absolu.

Voilà pour les *data*, voyons maintenant pour les *vincula*. C'est ici que l'école mathématique affirme être en mesure de jouer un rôle fondamental : c'est la théorie des fonctions, et la théorie des fonctions seulement, prétend-elle, qui permet de dégager comme il convient le processus d'action et de réaction essentiel et immanent aux phénomènes de la réalité. En effet, si y est fonction de x, réciproquement x est fonction de y : avec notre méthode, disent les mathématiciens, nous évitons de recourir au principe de causalité qui ne correspond en rien à la réalité des choses; il n'y a ni causes ni effets, mais une multitude de phénomènes en fonction les uns des autres. Lorsque l'économie non mathématique parle de causes, d'effets et de conditions, elle fausse la réalité. On ne peut dire, par exemple, que la valeur a pour cause les frais de production; ce qui est vrai, c'est que la valeur, d'une part, et les frais de production, de l'autre, sont des phénomènes en relation essentiellement réciproque. De même,

l n'y a pas de prix normal, il n'y a qu'un prix d'équi-
ibre, etc., etc.

De plus, ajoutent-ils, certaines questions ne peuvent
tre résolues qu'à l'aide du calcul différentiel : tout
'abord, les questions de maximum. Et il est à remar-
uer, observe M. WINIARSKI, que tous les problèmes de
a science sociale peuvent être envisages comme des pro-
lèmes de maximum, car l'économie a pour objet les
rrangements entre des agents dont chacun tend au
aximum de son utilité [1].

Eh bien! ces questions de maximum ne peuvent être
ésolues d'une manière précise qu'au moyen du calcul
es dérivées. Une dérivée, nous le verrons, c'est la limite
ers laquelle tend le rapport de l'accroissement de la
onction à l'accroissement de la variable lorsque ce der-
ier accroissement tend vers zéro. Cette notion domine la
onception d'ophélimité élémentaire et la détermination
u degré d'utilité dans la théorie de l'utilité finale. On
émontre, en effet, que cette ophélimité élémentaire [2] et
e degré d'utilité [3] sont des dérivées. Les véritables pré-
urseurs de l'école mathématique, sur ce point, sont
ALTHUS, VON THÜNEN et STUART MILL.

Beaucoup de questions morales et politiques, disait
ar exemple MALTHUS, semblent être de la nature des

---

1. WINIARSKI, La méthode mathématique dans la sociologie et
ans l'économie politique, *Revue socialiste*, 1894, p. 726.
2. VILFREDO PARETO, *Manuel d'économie politique*, traduction
ONNET, Paris, 1909, pp. 158-159.
3. WILLIAM STANLEY JEVONS, *La théorie de l'économie politique*,
raduction H. E. BARRAULT et MAURICE ALFASSA, Paris, 1909,
. 112.

problèmes *de maximis et minimis* dans les infiniment petits [1]. MALTHUS a nettement dégagé le processus d'action et de réaction réciproques des phénomènes [2]. Quant à MILL, la notion du prix d'équilibre ne lui a pas échappé [3].

Les économistes de l'école mathématique n'ont jamais cessé de mettre en relief ces idées essentielles quant aux *data* et aux *vincula*.

« Des fonctions inconnues, dit COURNOT, peuvent cependant jouir de propriétés et de caractères généraux qui sont connus, par exemple être infiniment croissantes, décroissantes ou périodiques, ou n'être réelles qu'entre certaines limites. De semblables données, quelque imparfaites qu'elles puissent paraître, peuvent toutefois, en raison de leur généralité même et à l'aide des signes propres à l'analyse, conduire à des relations également générales qu'on aurait difficilement découvertes, sans ce secours. C'est ainsi, continue COURNOT, que, sans connaître la loi de croissance des forces capillaires, et en partant du seul principe que ces forces sont insensibles à des distances sensibles, les géomètres ont démontré les lois générales du phénomène de la capillarité : lois confirmées par l'observation [4]. »

Les personnes versées en analyse mathématique, dit-il

1. F. Y. EDGEWORTH, *Dictionary of political economy* de PALGRAVE. V° *Mathematical method*.

2. MALTHUS, *Principles of political economy*, 1820, II, Introduction, pp. XIII et XXIII.

3. Cf. GIDE dans l'*Histoire des doctrines économiques* de GIDE et RIST, Paris, 1909, p. 413.

4. COURNOT, *Principes mathématiques de la théorie des richesses*, Paris, 1838, p. 51.

illeurs, savent qu'elle n'a pas pour seul objet de rechercher des nombres, mais qu'elle est aussi employée à
trouver des relations entre des grandeurs que l'on ne
eut évaluer numériquement, entre des fonctions dont la
oi n'est pas susceptible de s'exprimer par des symboles
lgébriques ([1] et [2]).

De même, pour M. Edgeworth [3], le raisonnement mathé-
atique n'est pas, comme on le suppose en général, limité
des sujets dont les données numériques peuvent être
onnues. Là où il y a des données qui, sans être numé-
iques, sont quantitatives (quantité plus grande ou moins
rande qu'une autre, quantité croissante ou décrois-
ante, quantité positive ou négative, etc.), le raisonne-
lent mathématique est possible. Si $A > B$ et $B > C$,
n a également $A > C$.

D'après M. Aupetit, également, « l'analyse permet de
onsidérer la relation qui lie deux ou plusieurs quantités
es unes aux autres et d'en raisonner utilement sans
rendre garde à ses formes précises. On écrit simplement,
uivant la notion symbolique de Lagrange :

$$n = f(xyz.....).$$

« Cela veut dire, sans plus, que si l'on fait varier
, y ou z, la grandeur n varie nécessairement. Donc aussi
l suffit de connaître, en outre, soit le sens de cette varia-
ion, soit son caractère périodique ou continu, soit ses

1. Cournot, *op. cit.*, VII et VIII.
2. Cf. également Painlevé, *Avant-Propos* à la traduction précitée
e Jevons.
3. Edgeworth, *Mathematical Psychics*, 1881, pp. 1, 9, 83 et 93.

limites, pour en déduire une foule de conséquences et de rapports nécessaires. Cette souplesse du langage analytique lui permet de s'adapter à toutes les données imaginables, à tel point que l'on a pu dire avec raison que l'étude d'un certain ensemble de phénomènes se réduit en définitive à l'étude d'une certaine fonction.

« L'ordre économique présente de nombreux exemples de phénomènes liés entre eux par une relation certaine dont il est impossible de préciser la forme. Il apparaît, par exemple, que la quantité demandée d'une certaine marchandise par un individu déterminé ou par un ensemble d'individus dépend du prix de cette marchandise, mais nous ne savons pas comment elle en dépend. Nous ignorons, observe Cournot, la forme de cette relation qu'il appelle la loi du débit. Généralement la quantité demandée décroît lorsque le prix augmente. Décroît-elle en proportion inverse de ce prix? en proportion inverse de son logarithme? ou suivant telle autre loi? Nous l'ignorons, mais il n'importe. Une relation existe : l'analyse permet de l'exprimer sans avoir besoin d'en connaître la forme précise. Le raisonnement peut poursuivre sa marche sur cette seule donnée.

« Le calcul infinitésimal n'offre pas seulement cette facilité d'expression; il étend son application à toutes les circonstances où le phénomène à étudier peut être considéré comme la somme d'une grande quantité d'éléments infiniment petits. Le but des mathématiques, dit M. Poincaré, est de donner le résultat d'une combinaison, la somme d'un ensemble, sans avoir besoin de refaire la combinaison pièce à pièce, d'additionner un à un les

ments de l'ensemble considéré. Cette opération essen-
lle s'appelle l'*intégration* [1]. »

On peut, dit aussi M. Winiarski, calculer des relations
tre des quantités indéterminées tout à fait de la même
çon que l'on calcule les rapports entre des quantités
actement définies. Le plus ou moins d'exactitude qu'on
tient dans les sciences mathématiques est une chose
cidentelle [2].

La même idée est particulièrement mise en relief par
Painlevé. Le raisonnement mathématique, dit-il, ne
us sert que d'instrument auxiliaire et provisoire pour
duire, avec plus de commodité et de sûreté, des
nséquences quantitatives de prémisses qualitatives. Et
, au cours de ces raisonnements intermédiaires, il nous
ut jeter un vêtement quantitatif sur des données qui ne
nt encore que qualitatives, ce n'est là qu'un vêtement
emprunt dont nous pouvons nous débarrasser à l'ar-
ée [3].

Bref, disent les mathématiciens, nous ne prétendons
s résoudre les problèmes *quantitativement*, mais sim-
ement les mettre *qualitativement* en équation.

Nous avons vu la thèse de l'école mathématique,
yons maintenant les objections qu'elle a soulevées dans
doctrine [4].

---

1. Aupetit, L'œuvre économique de Cournot, *Revue de métaphy-
ue et de morale*, mai 1905, pp. 385-386.
2. Winiarski, *op. cit.*, p. 724.
3. Painlevé, *avant-propos cité*, pp. xvi, xvii et xix.
4. Voir, à ce sujet, l'excellent article de M. Bouvier : La méthode
athématique en économie politique, *Revue d'économie politique*,
01.

1° On a dit, tout d'abord, que l'usage de la méthode mathématique était impossible, parce que l'on ne pouvait partir de prémisses quantitatives (CAIRNES, INGRAM, STUART MILL, CLIFFE LESLIE). Or, de tout ce qui précède, il résulte que l'existence de prémisses quantitatives n'est pas essentielle à l'existence de la science mathématique. L'école mathématique reconnaît, avec ses adversaires, que les prémisses dont elle se sert peuvent ne pas être quantitatives; mais, tandis que ceux-ci en font une objection péremptoire, l'école mathématique passe outre, nous l'avons vu.

2° On a invoqué, contre l'emploi de la méthode mathématique, l'écart qui existait entre ses conclusions théoriques et les faits concrets de la réalité. L'école mathématique répond qu'elle part, en effet, d'hypothèses et même souvent d'hypothèses-limites, comme dans le cas de concurrence pure ou, au contraire, de monopole pur et comme encore dans le cas de la loi du moindre effort[1]; ses lois sont donc conditionnelles. Mais, en cela, il n'y a aucune différence essentielle entre les lois dégagées par l'école mathématique et les autres lois conditionnelles dégagées au moyen de la logique ordinaire.

Nous savons, en effet, que l'écart entre la courbe abstraite de la théorie et la courbe empirique de la réalité concrète n'est pas dû à l'emploi de la logique mathé-

---

1. La science économique, dit M. PANTALEONI, consiste dans les lois de la richesse systématiquement déduites de l'hypothèse que les hommes sont poussés à agir par le seul désir la plus grande satisfaction possible de leurs besoins au moyen du moindre sacrifice individuel possible. MAFFEO PANTALEONI, *Principi di economia pura*, Florence, 2ᵉ édition, 1891, p. 0.

atique, mais à la nécessité où se trouvent tous les conomistes — de l'école mathématique comme de ute autre école — de laisser de côté, dans la théorie, ertaines causes et certaines conditions secondaires du hénomène, pour ne retenir que les principales ou, du oins, celles qui leur paraissent telles[1].

Les économistes de l'école mathématique ne se laissent onc pas convaincre par l'objection qui leur est faite de artir d'hypothèses-limites, et M. PANTALEONI, en parti-ulier, n'hésite pas à dire que, même si l'hypothèse hédo-istique n'avait aucun rapport avec la réalité, les théo-mes qui en découlent n'en seraient pas moins exacts. ien qu'inutile dans ce sens et sans portée pratique, dit-, la science ainsi construite n'en serait pas moins vraie i, par hasard, le monde, au lieu d'être gouverné unique-ent par le principe égoïste, était dominé d'une façon xclusive par le principe altruiste. Dans ce cas même, 'oute-t-il, il ne serait pas du tout nécessaire de refaire s théorèmes, il suffirait d'intervertir les signes de aque équation[2].

Rien ne s'oppose d'ailleurs à ce que, après être partie

1. Sur ce point, les abstractions de l'école mathématique ne se ifférencient pas des abstractions employées par la logique ordi-aire; et chaque fois que l'on a recours à l'abstraction, il y a ujours quelque chose d'artificiellement séparé de la réalité : les stractions auxquelles il faut toujours recourir, pour simplifier s questions et les rendre accessibles au raisonnement, ne sont s, dit COURNOT, de celles qui s'imposent à tout le monde et que nature des choses a dictées; ce sont, au contraire, le plus uvent, des abstractions artificielles et dans lesquelles il entre eaucoup d'arbitraire. COURNOT, *Principes de la théorie des ichesses*, Paris, 1863, p. 518.
2. PANTALEONI, *op. cit.*, p. 15.

d'hypothèses-limites, l'école mathématique n'incorpore progressivement de nouvelles équations destinées à se rapprocher de la réalité.

Et encore, ajoute-t-on dans l'école mathématique, est-il bien sûr que nos hypothèses soient aussi distantes de la réalité que nos adversaires veulent bien le dire? Non, répond-on. En effet, il y a aujourd'hui une tendance croissante au monopole. Et la détermination des prix de monopole doit absorber de plus en plus les investigations des économistes. Sur ce point, par conséquent, nos recherches ont une grande portée pratique. Si, à la vérité, poursuit l'école mathématique, l'hypothèse de la concurrence absolue doit être de plus en plus abandonnée, parce qu'elle ne cadre pas avec les faits, rien n'empêche, comme nous nous appliquons d'ailleurs à le faire, d'introduire dans nos théories des équations nouvelles, destinées précisément à limiter l'écart entre cette hypothèse-limite de la concurrence absolue et la réalité concrète.

3° De plus, les adversaires de l'école mathématique ont invoqué contre elle un argument de fait : c'est que l'école mathématique n'aurait ajouté aucune contribution positive nouvelle à la science économique; elle n'aurait fait que répéter purement et simplement ce que les autres économistes ont dit bien avant elle (INGRAM)[1].

KNIES, par exemple, dit que les économistes de l'école mathématique arrivent plutôt à établir une mathématique appliquée qu'une économie pure : en se proposant

---

1. INGRAM, *Histoire de l'économie politique*, traduction HENRY DE VARIGNY et E. BONNEMAISON, Paris, 1893, pp. 259-260.

e séparer l'économie politique appliquée de l'économie olitique pure, pour transformer cette dernière en une ience tout à fait exacte, les mathématiciens n'arrivent as à établir une économie pure, mais une mathématique ppliquée[1].

A cela, l'école mathématique répond : Autre chose est ire, autre chose est bien dire ! Et M. PANTALEONI avoue ue l'économie pure veut simplement corriger et amé-orer la forme scientifique des théories économiques de ICARDO, STUART MILL et CAIRNES ([2 et 3]).

Bien mieux, poursuit l'école mathématique, nous ne ous sommes pas contentés de perfectionner les théories ntérieures. Nous avons apporté à la science économique ne contribution essentiellement personnelle, dans otre théorie des prix de monopole. Cela est d'autant lus important que cette théorie est reliée à un **grand** ombre de phénomènes économiques, tels que les ques-ions relatives à l'incidence de l'impôt et aux bénéfices ésultant du commerce international.

Ainsi COURNOT examine le problème de l'imposition des archandises produites sous un régime de monopole et,

1. Cf. BOUVIER, *article cité*, p. 845.
2. PANTALEONI, *op. cit.*, p. 172, note.
3. Cette troisième objection que nous venons d'examiner a paru xciter la verve de M. PARETO, qui a répondu de la façon suivante : l y a des gens qui prétendent que « la méthode mathématique 'a jusqu'ici formulé aucune vérité nouvelle », et cela est vrai en un certain sens, parce que, pour l'ignorant, ce dont il n'a pas la moindre notion ne peut être ni vrai ni nouveau. Quand on ne connaît même pas l'existence de certains problèmes, on n'éprouve certainement pas le besoin d'en avoir la solution. (PARETO, *op. cit.*, p. 222.)

sur ce point, il combat STUART MILL. D'après STUART MILL, en effet, un impôt sur les vins rares et coûteux retombe uniquement sur les propriétaires du vignoble, car, lorsque l'article (dans l'espèce il s'agit de vins rares) est un monopole strict, son prix ne peut pas être élevé en compensation de l'impôt. COURNOT obtient au contraire, en se servant du raisonnement mathématique, le théorème suivant : Dans le cas où il y a demande jointe, pour des articles monopolisés par différents individus, l'acheteur est susceptible de voir sa condition empirée plus que s'il eût traité avec un seul monopoleur.

Sur un autre terrain, MM. AUSPITZ et LIEBEN ont systématisé, par des courbes, l'idée de rente du consommateur; on a alors observé que, du fait que STUART MILL n'avait pas dégagé la théorie mathématique de la rente du consommateur, il avait obscurci son étude relative au bénéfice tiré, par une nation, de l'imposition des exportations et des importations. WALRAS, de son côté, a perfectionné la loi de la rente de RICARDO, en substituant une courbe continue à la courbe discontinue de RICARDO[1].

En général, les conclusions tirées du raisonnement mathématique ne sont, le plus souvent, que des conclusions statiques, mais on a remarqué que, pour en dégager une dynamique économique, il suffirait d'appliquer à cette statique le principe de D'ALEMBERT. Cette idée a été suggérée, en particulier, par MM. PARETO et AUPETIT.

---

1. WALRAS, *Éléments d'économie pure ou théorie de la richesse sociale*, 1re édition, Lausanne, 1874, p. 341.

En mécanique, dit le premier, le principe de D'ALEMBERT ous permet d'étudier, d'une manière complète, l'état ynamique d'un système. Nous ne faisons encore, en conomie politique, qu'entrevoir un principe ana- gue[1].

M. AUPETIT, d'autre part, observe avec MM. EDGEWORTH t LIESSE que la méthode mathématique n'a permis de 'soudre, jusqu'aujourd'hui, que des problèmes sta- ques. Les opérations de JEVONS et de WALRAS, poursuit- ; définissent certains états d'équilibre, sans nous ren- eigner sur la voie qui permet de les atteindre. Mais éjà l'on entrevoit l'application en économie politique 'un principe analogue à celui de D'ALEMBERT, permettant e ramener les problèmes de la dynamique à ceux de la tatique ([2 et 3]).

On objecte encore, à l'encontre de l'école mathéma- que, les controverses et les conflits qui se produisent ntre ses partisans. COURNOT, selon JOSEPH BERTRAND et . PARETO, aurait commis plusieurs erreurs. JOSEPH ERTRAND en relève une à la charge de WALRAS, mais il se ompe lui-même à son tour, comme le fait observer . PARETO. La théorie de WALRAS sur les prix a été

1. PARETO, *Cours d'économie politique*, Lausanne, 1897, vol. II, . 9.

2. AUPETIT, *Essai sur la théorie générale de la monnaie*, Paris, 01, p. 31.

3. Le principe de D'ALEMBERT fournit une méthode générale pour ettre en équations tous les problèmes relatifs au mouvement d'un 'stème de corps liés entre eux d'une manière quelconque. Il ermet, dans tous les cas, de faire dépendre la détermination du ouvement d'un système quelconque de la recherche des condi- ons d'équilibre de ce système. La dynamique se trouve ainsi menée à la statique.

contestée par deux mathématiciens, MM. Auspitz et Lieben.

Mais, à cette objection, les partisans de l'école mathématique répondent, à juste titre d'ailleurs, que ces controverses s'adressent uniquement à la position même du problème et non à sa solution.

Après cet exposé, nous n'ajouterons que quelques mots.

Tant valent les *data* et les *vincula*, tant vaudra la loi.

L'école mathématique a perfectionné les *vincula*, nous l'avons vu, en tenant compte du processus d'action et de réaction qui gouverne les phénomènes ; en cela, elle a réduit le domaine de ce que l'on appelle l'abstraction dans le temps, et les lois qu'elle dégage ainsi tendent donc à se rapprocher de la réalité concrète. Nous avons constaté plus haut, que c'est précisément ce perfectionnement des *vincula* du raisonnement économique qui caractérise l'école mathématique par rapport aux autres écoles, et c'est justement là le grief essentiel et fondamental adressé par celles-là à celle-ci.

Comme le dit M. Aupetit, les questions algébriques se prêtent essentiellement à traduire le lien réciproque de certains phénomènes qui se conditionnent mutuellement, sans qu'il soit possible de dire que l'un est la cause de l'autre. Le véritable objet de la science n'est pas le plus souvent le *rerum cognoscere causas* du poète latin, mais bien plutôt, comme on l'a dit, le *rerum cognoscere nexus*. Le volume, la pression et la température d'une même masse gazeuse ne sauraient être considérés l'un comme la cause de l'autre ; pourtant une étroite relation les unit, dont la formule mathématique donne l'idée la plus exacte[1].

Mais ce que l'école mathématique gagne quant aux *vincula*, elle risquerait de le perdre quant aux *data*, si elle s'en tenait d'une façon exclusive à des hypothèses-limites qui s'éloignent plus ou moins, comme telles, de la réalité. Il lui appartient donc de perfectionner de plus en plus les *data*, de façon que, dans la mesure du possible, ils épousent la forme même de la réalité. Aussi ne paraît-il ni très invraisemblable ni très déraisonnable de penser qu'en opérant ainsi l'école mathématique accroîtra, en quantité et en qualité, le nombre des contributions positives qu'elle a déjà apportées à la science. Tout ce qui vient d'être dit prouve que, si le recours à la méthode mathématique est nécessaire dans certains cas, il n'est pas suffisant. Cette méthode n'est pas une fin, elle n'est qu'un moyen de perfectionner les *vincula*. De son propre aveu, son rôle, en matière de *data*, ne diffère en rien de celui de l'école non mathématique; de sorte que ses partisans et ses adversaires ont les uns et les autres un champ d'études très large : à ceux-ci l'investigation matérielle, à ceux-là l'investigation formelle.

1. Aupetit, *article cité*, p. 388.

CHAPITRE I

NOTIONS PRÉLIMINAIRES

1. Observations générales. — Dans cet ouvrage, nous vons simplement l'intention, nous l'avons dit, de donner uelques notions élémentaires de calcul infinitésimal et e géométrie analytique, appuyées, de temps en temps, 'exemples tirés de l'économie politique mathématique. lais, avant d'entreprendre cette étude, nous croyons écessaire de rappeler brièvement, dans le présent chaitre, quelques démonstrations et quelques formules lémentaires, très importantes pour l'intelligence de ce ui suit. Aussi allons-nous examiner tour à tour, de açon très résumée :

1° Les éléments de trigonométrie;

2° La théorie des combinaisons;

3° Le binôme de NEWTON;

4° Les exposants fractionnaires, les exposants nuls et es exposants négatifs;

5° Les séries;

6° La série e;

7° Les logarithmes vulgaires;

8° Les logarithmes népériens.

2. Éléments de trigonométrie. — **Étude des sinus.** — oit une circonférence O (fig. 1), divisée en 4 arcs par les deux diamètres perpendiculaires AC et BD. Si l'on part de A, on peut parcourir cette circonférence dans deux directions opposées. La direction AM est considérée comme *positive* et la direction AN comme *négative*. Les nombres positifs sont donc représentés par les arcs comptés à partir de A dans la direction AM et les nombres négatifs par les arcs comptés à partir de A dans la direction AN.

On a l'habitude, en trigonométrie, de prendre en considération la circonférence de rayon 1. π étant le rapport de la circonférence au diamètre, la circonférence O aura pour longueur 2π, et l'arc AB, égal au quart de la circonférence, aura pour mesure $\dfrac{2\pi}{4} = \dfrac{\pi}{2}$.

Si, du point M, on abaisse la perpendiculaire MP sur la droite OA, MP s'appelle *sinus* de l'arc AM. Si AM est égal à x, on écrira

$$MP = \sin x.$$

Plus x est petit, c'est-à-dire plus M est rapproché de A, plus $\sin x$ sera petit, c'est-à-dire que $\sin x$ tendra vers 0 si x tend lui-même vers 0. Si, au contraire, x croît de A à B, $\sin x$ croît et atteint, pour $x = AB = \dfrac{\pi}{2}$, une valeur BO $= 1$. En effet BO est le rayon de la circonférence envisagée et, par définition, le rayon est égal à l'unité. Si x continue à croître à partir de B, $\sin x$ diminue et, pour $x = ABC = \pi$, il devient égal à O.

On convient de donner une valeur *négative* à tous les sinus situés en dessous du diamètre AC. Si, par conséquent, x continue à croître et passe de la valeur ABC $= \pi$

la valeur $ABCD = \frac{3\pi}{2}$, $\sin x$ devient négatif et passe de a valeur 0 à la valeur $DO = -1$. Enfin, pour l'arc dont la valeur est comprise entre $ABCD$ et $ABCDA$, c'est-à-dire entre $\frac{\pi}{2}$ et 2π, $\sin x$ passe de la valeur -1 à la valeur 0.

Bref, $\sin x$ varie de 0 à 1, de 1 à 0, de 0 à -1 et de 1 à 0. Ses valeurs sont donc comprises entre deux valeurs extrêmes -1 et $+1$.

3. Éléments de trigonométrie (*suite*). — **Étude des cosinus.** — On appelle *cosinus* de l'arc AM la partie du diamètre AC comprise entre le centre O et le pied P du sinus. Si l'arc AM est égal à x, on écrit

$$OP = \cos x.$$

Si l'arc est très petit, c'est-à-dire si M est très rapproché de A, le cosinus est très rapproché de OA, c'est-à-dire de 1. A mesure que l'arc augmente, le cosinus varie de 1 à 0, valeur qu'il atteint pour $AB = x = \frac{\pi}{2}$.

A gauche du centre O, l'on convient de considérer le cosinus comme *négatif*. Si, par conséquent, l'arc x passe de la valeur $\frac{\pi}{2}$ à la valeur π, le cosinus varie de 0 à -1, valeur qu'il atteint pour $ABC = x = \pi$.

Bref, tandis que x varie de 0 à π, le cosinus passe de $+1$ à -1. Il est facile au lecteur de se convaincre que $\cos x$ passe au contraire de -1 à $+1$ quand x varie de π à 2π.

Le triangle OMP est rectangle en P. Les deux côtés de l'angle OPM sont MP ($\sin x$) et OP ($\cos x$). La somme des carrés des deux côtés de l'angle droit étant égale au carré de l'hypothénuse, on peut poser :

$$\overline{MP}^2 + \overline{OP}^2 = \overline{OM}^2$$

ou
$$\sin^2 x + \cos^2 x = 1, \qquad (1)$$

puisque l'hypothénuse est le rayon 1 et que le carré de 1 est égal à 1.

La formule (1) permet, étant donné le sinus d'un arc, d'en connaître le cosinus, et réciproquement.

4. **Éléments de trigonométrie** (*suite*). — **Étude des tangentes.** — On appelle *tangente* de l'arc $AM = x$ le rapport existant entre le sinus et le cosinus de cet arc. Ce rapport s'écrit :

$$\operatorname{tg} x = \frac{\sin x}{\cos x}.$$

Menons la tangente à la circonférence au point A et prolongeons le rayon OM jusqu'à cette tangente. Appelons T le point d'intersection du rayon prolongé et de la tangente. Nous obtenons ainsi deux triangles semblables OMP et OTA. On peut donc poser :

$$\frac{MP}{OP} = \frac{TA}{OA}$$

ou :
$$\frac{\sin x}{\cos x} = \frac{TA}{1}$$

ou :
$$\operatorname{tg} x = TA.$$

Par conséquent, l'on obtient la tangente d'un arc $AM = x$ en menant la tangente à la circonférence par le point A où l'arc a son origine et en prenant la partie de cette droite comprise entre le point A et le point T où elle rencontre le prolongement du rayon OM.

Plus l'arc est petit, plus la tangente est petite. Si l'arc augmente, la tangente augmente. Si l'arc est très proche de $\frac{\pi}{2}$, mais inférieur à $\frac{\pi}{2}$, la tangente est très grande et positive. Si l'arc est égal à $\frac{\pi}{2}$, le rayon OB est parallèle à la tangente AT : ce rayon et cette tangente ne peuvent donc se rencontrer. On dit alors que la tangente est infiniment grande, ce qui s'exprime de la façon suivante :

$$\text{tg } x = \infty.$$

D'ailleurs, pour l'arc $AMB = \frac{\pi}{2}$, le sinus est égal à 1 et le cosinus est nul. La tangente, étant égale au rapport du sinus au cosinus, est égale à $\frac{1}{0}$, c'est-à-dire est égale à ∞.

Si l'arc est plus grand que $\frac{\pi}{2}$ et si l'on envisage un point L à gauche de B, la rencontre du rayon OL et de la tangente AT a lieu au-dessous et non plus au-dessus du diamètre AC. On donne alors, par convention, une valeur *négative* à la tangente. Si l'arc x est de très peu supérieur à $\frac{\pi}{2}$, la tangente négative est très grande; si l'arc x croît de $\frac{\pi}{2}$ à π, la tangente passe de $-\infty$ à 0. Il est facile au lecteur de se convaincre que, si l'arc passe de π à $\frac{3\pi}{2}$, la tangente croît de 0 à $+\infty$, et que, si l'arc passe de $\frac{3\pi}{2}$ à 2π, la tangente croît de $-\infty$ à 0.

5. Éléments de trigonométrie (*suite*). — **Sécantes, cosécantes et cotangentes.** — On appelle *sécante* d'un arc l'inverse du cosinus de cet arc. L'on peut écrire

$$\sec x = \frac{1}{\cos x}.$$

On appelle *cosécante* d'un arc l'inverse du sinus de cet arc. L'on peut écrire

$$\csc x = \frac{1}{\sin x}.$$

On appelle *cotangente* d'un arc l'inverse de la tangente de cet arc. L'on peut écrire

$$\cot x = \frac{1}{\operatorname{tg} x} = \frac{1}{\dfrac{\sin x}{\cos x}} = \frac{\cos x}{\sin x}.$$

Par un raisonnement très simple, analogue aux raisonnements relatifs aux sinus, cosinus et tangentes, le lecteur peut démontrer les trois propositions suivantes :

1° La *sécante, positive* lorsque l'extrémité de l'arc tombe dans le premier et le quatrième quadrants $\left(\text{de } 0 \text{ à } \dfrac{\pi}{2} \text{ et de } \dfrac{3\pi}{2} \text{ à } 2\pi\right)$, *négative* lorsque cette extrémité tombe dans le deuxième et le troisième $\left(\text{de } \dfrac{\pi}{2} \text{ à } \pi \text{ et de } \pi \text{ à } \dfrac{3\pi}{2}\right)$, varie depuis $+1$ jusqu'à $+\infty$ et depuis -1 jusqu'à $+\infty$; elle prend donc toutes les valeurs possibles, à l'exception de celles qui sont comprises entre $+1$ et -1.

2° La *cosécante, positive* lorsque l'extrémité de l'arc tombe dans les deux premiers quadrants, *négative* lorsque cette extrémité tombe dans les deux derniers, varie puis $+\infty$ jusqu'à $+1$ et depuis $-\infty$ jusqu'à -1; e prend donc toutes les valeurs possibles, à l'exception celles qui sont comprises entre $+1$ et -1.

3° La *cotangente*, *positive* dans le premier et le troième quadrants, *négative* dans le second et le quatrième, rie comme la *tangente* depuis $+\infty$ jusqu'à $-\infty$.

Les formules de ce paragraphe, combinées aux forules des paragraphes précédents, permettent de poser s égalités :

$$\text{séc}^2 x = \frac{1}{\cos^2 x}$$

$$\text{séc}^2 x = 1 + \text{tg}^2 x$$

$$\text{séc}\, x = \sqrt{1 + \text{tg}^2 x}$$

$$\text{coséc}^2 x = 1 + \text{cot}^2 x$$

$$\text{coséc}\, x = \sqrt{1 + \frac{1}{\text{tg}^2 x}} = \frac{\sqrt{1 + \text{tg}^2 x}}{\text{tg}\, x}$$

$$\cos x = \frac{1}{\sqrt{1 + \text{tg}^2 x}} \cdot$$

$$\sin x = \frac{\text{tg}\, x}{\sqrt{1 + \text{tg}^2 x}}$$

$$\sin (a + b) = \sin a \cos b + \cos a \sin b.$$

6. Éléments de trigonométrie (*suite*). — **Substitution** es angles aux arcs. — Aux arcs pris sur la circonférence O de rayon 1, on peut substituer les angles qui eur correspondent. A l'arc AM, par exemple, on peut ubstituer l'angle AOM. MP est le sinus de l'angle AOM omme il est le sinus de l'arc AM. OP est le cosinus de 'angle AOM comme il est le cosinus de l'arc AM, etc.

La substitution de l'angle à l'arc permet de mettre de côté a considération du rayon de la circonférence envisagée.

7. Éléments de trigonométrie (*fin*). — Exemple économique. — M. PANTALEONI se sert de la trigonométrie pour établir sa théorie graphique de la valeur [1].

Soit deux axes orthogonaux OX et OY (fig. 2). Portons sur OX une longueur OM représentant une quantité déterminée d'un bien quelconque, par exemple un quintal de blé, et sur OY une longueur ON représentant la quantité d'une autre marchandise, 22 francs par exemple, contre laquelle s'échange la quantité OM de blé.

Menons par N une parallèle à OX et par M une parallèle à OY. Ces deux parallèles se rencontrent en P. Traçons la droite OP. La proportion ou le rapport dans lequel s'échangent ON et OM, c'est-à-dire $\frac{ON}{OM}$, peut s'exprimer sous la forme $\frac{MP}{OM}$, puisque ON = MP.

Imaginons maintenant la circonférence qui passe par P et qui a son centre en O, et supposons que l'unité de longueur soit OP : si nous appelons x l'arc AP, nous pouvons écrire

$$PM = \sin x$$

et
$$OM = \cos x,$$

de sorte que le rapport d'échange des deux marchandises considérées s'exprime de la façon suivante :

$$\frac{PM}{OM} = AB$$

ou
$$\frac{\sin x}{\cos x} = \operatorname{tg} x.$$

1. MAFFEO PANTALEONI, *op. cit.*, pp. 150-153.

Par conséquent, la *valeur d'échange* peut être représentée par la tangente trigonométrique d'un angle donné.

Comme le font justement observer MM. Virgilii et Garibaldi [1], il n'y a là ni une définition nouvelle, ni une propriété quelconque de la notion de valeur; il y a là, tout simplement, une façon différente de représenter le rapport des quantités des deux marchandises échangées, rapport que l'on peut définir comme la valeur d'une marchandise exprimée dans une autre marchandise.

Cette manière de figurer le rapport d'échange est utile parce qu'elle permet de voir, d'un coup d'œil, comment cette relation varie lorsque varient les quantités M et ON des marchandises échangées.

Par exemple, si OM et ON varient de sorte que le point P se maintienne sur la droite OP, x ne varie pas, $\operatorname{tg} x$ ne varie pas non plus [2]; le rapport d'échange reste donc constant.

Si OM reste fixe et que ON croisse, le rayon OP se déplace dans la direction AP et, l'angle x croissant, $\operatorname{tg} x$ croît; par conséquent, le rapport d'échange augmente.

Si ON reste fixe et que OM croisse, le rayon OP se déplace dans la direction PA et, l'angle x diminuant, $\operatorname{tg} x$ décroît et, par conséquent, le rapport d'échange diminue.

8. Théorie des combinaisons. — Formule des arrangements. — On appelle *arrangements* de m objets n à n

---

1. F. Virgilii et Garibaldi, *Introduzione alla economia matematica*, Milan, 1899, p. 129.

2. Nous supposons toujours que le rayon OP ou OA reste égal à 1.

tous les groupes que l'on peut former en assemblant n de ces m objets de toutes les manières possibles. Deux arrangements quelconques doivent différer au moins par la place d'un objet. Ainsi, trois objets a, b et c étant donnés, on peut former les arrangements suivants deux à deux :

$$ab \quad ba \quad ac \quad ca \quad bc \quad cb$$

Il est facile de trouver le nombre des arrangements de m objets deux à deux. Pour y arriver, il faut, à chaque élément, en associer un autre et un seul. Par conséquent, si m est le nombre des objets, tout objet nous donnera $m - 1$ arrangements, puisqu'on peut lui associer tous les objets autres que lui. Si nous répétons la même opération pour tous les objets, nous aurons un nombre d'arrangements égal à $m - 1$ multiplié par le nombre m des objets, c'est-à-dire $m (m - 1)$.

Si nous indiquons par $Am, 2$ les arrangements de m objets 2 à 2, nous avons donc :

$$Am, 2 = m (m - 1)$$

Si nous avons à établir les arrangements 3 à 3, il suffit d'ajouter à chacun des arrangements 2 à 2 chacun des autres $m - 2$ objets restants. Pour chaque arrangement 2 à 2, on a donc $m - 2$ arrangements 3 à 3.

Par conséquent, le nombre des arrangements de m objets 3 à 3 est égal à $m (m - 1)$ multiplié par $m - 2$, ce que donne la formule suivante :

$$Am, 3 = m (m - 1) (m - 2)$$

On obtient de même

$$Am, 4 = m (m - 1) (m - 2) (m - 3)$$

$$t \quad A_{m, n} = m\,(m-1)\,(m-2)\ldots\ldots(m-[n-1])$$
$$u \quad A_{m, n} = m\,(m-1)\,(m-2)\ldots\ldots(m-n+1). \quad (1)$$

Cette dernière formule est la formule des arrangements de m objets n à n.

9. Théorie des combinaisons (*suite*). — **Formule des permutations.** — Considérons maintenant les arrangements de m objets m à m, c'est-à-dire tous les groupes de m objets que l'on peut former avec les m objets donnés; on a ce que l'on appelle les *permutations* de m objets.

Le nombre P_m des permutations de m objets se déduit de l'égalité (1) en remplaçant n par m. On peut donc poser :

$$P_m = m\,(m-1)\,(m-2)\ldots\ldots(m-m+1)$$
$$= m\,(m-1)\,(m-2)\ldots\ldots\ldots 1$$
$$= 1.2.3\ldots\ldots(m-1)\,m. \quad (2)$$

Les facteurs du second membre de la relation (2) forment la suite naturelle des nombres entiers depuis 1 jusqu'à m.

10. Théorie des combinaisons (*suite*). — **Formule des combinaisons proprement dites.** — Si nous examinons les arrangements n à n de m objets, nous voyons que, parmi eux, certains contiennent les mêmes objets disposés dans un ordre différent (*ab* et *ba*, *bc* et *cb* par exemple). Si nous ne retenons que les arrangements différant au moins par un objet (*ab*, *ac* et *bc* par exemple), nous obtenons des arrangements spéciaux connus sous le nom de *combinaisons*. On appelle donc combinaisons n à n de m objets donnés les groupes de n objets que l'on peut former avec les objets donnés, de façon que chaque groupe diffère de tous les autres par le fait de contenir au moins un objet différent des objets compris dans chacun des autres groupes.

Il est facile de calculer le nombre des combinaisons $C_{m,n}$ de m objets n à n.

Supposons que nous ayons fait toutes les combinaisons n à n des m objets.

Pour extraire de ce nombre le nombre des arrangements, il suffira, dans chaque combinaison, de faire toutes les permutations possibles. Comme toute combinaison donne P_n permutations, le nombre des arrangements sera :

$$A_{m,n} = C_{m,n} \times P_n$$

D'où
$$C_{m,n} = \frac{A_{m,n}}{P_n}.$$

Donnons à $A_{m,n}$ et à P_n les valeurs qu'ils ont d'après les formules (1) et (2). Nous aurons :

$$C_{m,n} = \frac{m(m-1)\ldots\ldots\ldots(m-n+1)}{1.2.3\ldots\ldots(n-1)n}. \qquad (3)$$

Telle est la formule des combinaisons.

11. Théorie des combinaisons (*fin*). — **Exemple économique.** — M. ACHILLE LORIA applique la formule des combinaisons dans le cas suivant[1] :

Soit nr produits distribués dans n groupes de r produits chacun.

Supposons que les produits de chaque groupe soient obtenus avec une proportion égale de capital technique et de travail.

<hr>

1. ACHILLE LORIA, *Analisi della proprietà capitalista*, Turin, 1889, I, pp. 108-109.

Supposons aussi que ce rapport, constant pour les roduits de chaque groupe, diffère d'un groupe à l'autre.

Il s'agit de déterminer le nombre des échanges 2 à 2 ui peuvent se produire :

1° Entre les produits dans lesquels le capital technique t le travail entrent en même proportion, c'est-à-dire ntre les produits de chaque groupe;

2° Entre les produits dans lesquels le capital technique t le travail entrent en proportion différente, c'est-à-dire tre les produits de groupes différents.

Pour le premier cas, observons que les combinaisons eux à deux de r éléments sont au nombre de

$$\frac{r(r-1)}{1.2} = \frac{r(r-1)}{2}$$

qui est une application de la formule (3).

n étant le nombre des groupes, il pourra y avoir en ut $n\frac{(r-1)}{2}$ échanges.

Pour le second cas, il suffit de considérer toutes les mbinaisons 2 à 2 des n groupes et, dans toutes ces mbinaisons, d'associer chaque produit du premier roupe avec un produit du second.

Les combinaisons 2 à 2 des n groupes sont :

$$\frac{n(n-1)}{1.2} = \frac{n(n-1)}{2}.$$

Chaque groupe contient r produits; par conséquent, ut objet du premier groupe pouvant s'associer avec r oduits du second groupe de chacune des $\frac{n(n-1)}{2}$ combinaisons considérées, nous aurons un nombre $r^2 \dfrac{n(n-1)}{2}$ de combinaisons 2 à 2 ou d'échanges entre produits de deux groupes distincts.

Signalons en passant que Cournot, dans son étude du change, fait également appel au calcul des combinaisons [1].

12. Binôme de Newton. — Comme nous allons le voir, la formule du binôme est une application de la théorie des combinaisons.

On sait que le produit de m polynômes s'obtient en formant *tous* les produits m à m des termes des polynômes proposés, c'est-à-dire que, dans chaque terme du produit, il doit entrer comme facteurs un terme du premier polynôme, un terme du second, un terme du troisième,......., un terme du $m^{ième}$.

Appliquons cette règle à la formation du produit des m binômes.

$$(x+a)(x+b)(x+c)\ldots\ldots(x+m),$$

et supposons que l'on ordonne ce produit par rapport aux puissances décroissantes de x.

En prenant les m premiers termes des m binômes, on aura évidemment x^m.

En prenant, dans $m-1$ binômes, leur premier terme x et, dans le $m^{ième}$ binôme, son second terme qui sera a, b, c, ... ou m, l'on obtiendra des termes de la forme ax^{m-1}; et la somme de tous ces termes sera

$$(a+b+c+\ldots\ldots+m)\,x^{m-1}.$$

1. Augustin Cournot, *Recherches*, pp. 28 et suiv.

Tel sera le terme en x^{m-1} du développement. Si l'on eprésente par S_1 la somme de tous les seconds termes es binômes, le terme en x^{m-1} prendra la forme $S_1 x^{m-1}$.

En prenant, dans $m-2$ binômes, leur premier terme x, t dans les deux binômes restants leurs seconds termes ui seront a et b, a et c, a et d, ..., ou l et m, on btiendra des termes de la forme abx^{m-2}, et la somme de ous ces termes sera

$$(ab + ac + ad + \ldots\ldots + lm)x^{m-2}.$$

Tel sera le terme en x^{m-2} du développement. Si l'on eprésente par S_2 la somme des produits 2 à 2 des econds termes des binômes, le terme en x^{m-2} prendra a forme $S_2 x^{m-2}$.

De même le terme en x^{m-3} sera de la forme $S_3 x^{m-3}$, S_3 représentant la somme des produits 3 à 3 des seconds termes des binômes.

D'une manière générale, si l'on prend dans $m-n$ binômes leur premier terme x et, dans les n binômes restants, leur second terme, on obtiendra des termes en x^{m-n}. La somme de tous ces termes ou le terme en x^{m-n} du développement aura pour expression $S_n x^{m-n}$, en représentant par S_n la somme des produits n à n des seconds termes des binômes.

On obtiendra enfin le terme de degré 0 par rapport à x en prenant les m seconds termes des m binômes [1]. Ce terme, le dernier du développement, sera $abcd \ldots\ldots lm$, et nous le représenterons par S_m, produit des m seconds termes des binômes.

1. Voir même chapitre n° 13, formule x^0 ou $a^0 = 1$.

Le développement cherché pourra donc s'écrire :

$$x^m + S_1 x^{m-1} + S_2 x^{m-2} + S_3 x^{m-3} + \ldots + S_n x^{m-n} + \ldots + S_{m-1} x + S_m.$$

Supposons maintenant que, dans l'égalité

$$(x + a)(x + b)(x + c) \ldots (x + m) =$$
$$= x^m + S_1 x^{m-1} + S_2 x^{m-2} + S_3 x^{m-3} + \ldots + S_n x^{m-n} + \ldots + S_{m-1} x + S_m,$$

tous les seconds termes des binômes soient égaux à a. Le premier membre deviendra $(x + a)^m$. Il s'agit de chercher ce que deviendront dans le second membre les quantités S_1, S_2, S_3, ... S_n, ... S_m.

S_1 est la somme des seconds termes des binômes ; ces seconds termes devenant tous égaux à a, puisqu'il y a m binômes, on aura :

$$S_1 = ma.$$

S_2 est la somme des produits 2 à 2 des seconds termes des m binômes ou la somme des *combinaisons* 2 à 2 formées avec ces seconds termes [1]. Tous ces seconds termes étant égaux à a, toutes les combinaisons deviendront égales à a^2. S_2 est donc égal à a^2 multiplié par le nombre de combinaisons des m binômes pris 2 à 2, qui est $\dfrac{m(m-1)}{1.2}$; on aura donc :

$$S_2 = \frac{m(m-1)}{1.2} a^2.$$

De même
$$S_3 = \frac{m(m-1)(m-2)}{1.2.3} a^3.$$

D'une manière générale, S_n est la somme des produits n à n des seconds termes des m binômes ou la somme des combinaisons n à n de ces seconds termes. Tous ces

---

1. Voir même chapitre, n° 10, formule (3).

seconds termes étant égaux à a, toutes les combinaisons deviendront égales à a^n. S_n sera donc égal à a^n multiplié par le nombre de combinaisons de m binômes pris n à n, qui est

$$\frac{m(m-1)(m-2)\ldots\ldots(m-n+1)}{1.2.3\ldots\ldots n}.$$

On aura, par conséquent :

$$S_n = \frac{m(m-1)(m-2\ldots\ldots(m-n+1)}{1.2.3\ldots\ldots n}\, a^n.$$

Enfin S_m, représentant le produit des m seconds termes des binômes, deviendra égal à a^m; et l'on pourra écrire :

$$(x+a)^m = x^m + \frac{m}{1}\,a x^{m-1} + \frac{m(m-1)}{1.2}\,a^2 x^{m-2} + \ldots\ldots$$
$$+ \frac{m(m-1)(m-2)\ldots\ldots(m-n+1)}{1.2.3\ldots\ldots n}\,a^n x^{m-n} + \ldots\ldots + \frac{m}{1}\,a^{m-1}x + a^m.$$

Comme on le voit, ce développement du binôme $(x+a)^m$ ou binôme de NEWTON contient $m+1$ termes. Les termes extrêmes sont x^m et a^m. Dans les termes intermédiaires, l'exposant de x va en diminuant et l'exposant de a en croissant d'une unité, en passant d'un terme au suivant, de sorte que, dans chaque terme, la somme des exposants des deux lettres est toujours égale à m.

Quant aux coefficients, les termes extrêmes ont pour coefficients l'unité, et les termes intermédiaires les différents nombres de combinaisons qu'on peut former en prenant m objets 1 à 1, 2 à 2, 3 à 3,$\ldots\ldots$ n à n,$\ldots\ldots$, $m-1$ à $m-1$.

Au sujet du binôme de NEWTON, on peut enfin poser les deux règles suivantes :

a) Les coefficients des termes à égale distance des extrêmes sont égaux;

b) Pour déduire un terme du précédent, il suffit de multiplier le coefficient du dernier terme formé, par l'exposant de x *dans ce terme, et de le diviser par le rang de ce terme ou par l'exposant de* a *dans le terme que l'on veut écrire. Quant aux exposants, on ajoute 1 à celui de* a *et on retranche 1 de celui de* x.

Ainsi, le terme général étant :

$$\frac{m(m-1)(m-2)\ldots\ldots(m-n+1)}{1.2.3\ldots\ldots n}\, a^{n}x^{m-n},$$

le terme suivant du développement est

$$\frac{m(m-1)(m-2)\ldots\ldots(m-n+1)(m-n)}{1.2.3\ldots\ldots n(n+1)}\, a^{n+1}x^{m-n-1}.$$

Ceci nous permet d'écrire immédiatement :

$$(x+a)^7 = x^7 + 7ax^6 + 21a^2x^5 + 35a^3x^4 + 35a^4x^3 + 21a^5x^2 + 7a^6x + a^7.$$

13. Exposants fractionnaires, exposants nuls et exposants négatifs. — Lorsque m est divisible par n, on sait que le nombre $\sqrt[n]{a^m}$ est égal à $a^{\frac{m}{n}}$, l'exposant $\frac{m}{n}$ étant entier; lorsque m, au contraire, n'est pas divisible par n, on représente par définition le radical $\sqrt[n]{a^m}$ par le symbole $a^{\frac{m}{n}}$, dont l'exposant est appelé *exposant fractionnaire.*

$\sqrt[3]{a^2}$, par exemple, est présenté par $a^{\frac{2}{3}}$.

Conformément aux règles ordinaires, on peut poser :

$$a^{\frac{m}{n}} \times a^{\frac{p}{q}} = a^{\frac{m}{n}+\frac{p}{q}}.$$

Par exemple, $\quad a^{\frac{1}{3}} \times a^{\frac{1}{6}} = a^{\frac{1}{3}+\frac{1}{6}} = a^{\frac{1}{2}}$,

ce qui est la traduction de l'égalité

$$\sqrt[3]{a} \times \sqrt[6]{a} = \sqrt[2]{a}.$$

De même, si $\dfrac{m}{n}$ est supérieur à $\dfrac{p}{q}$, on a également :

$$a^{\frac{m}{n}} : a^{\frac{p}{q}} = a^{\frac{m}{n}-\frac{p}{q}}.$$

Nous verrons plus loin [1] un exemple d'exposant fractionnaire tiré de l'ouvrage de M. COHEN STUART sur l'impôt progressif ([2 et 3]).

Mais, qu'arrive-t-il si $\dfrac{m}{n} = \dfrac{p}{q}$? Lorsque les deux exposants sont égaux, le quotient est égal à l'unité, et l'exposant $\dfrac{m}{n} - \dfrac{p}{q}$ devient *nul*. Aussi dit-on, par définition, que le symbole a^0 est égal au quotient de deux puissances égales de a, c'est-à-dire égal à l'unité.

Voici une application, par JEVONS, de l'exposant nul [4]. Si l'on désigne par M le stock absolu d'un produit et par U son degré final d'utilité, MU est la quantité absolue de plaisir résultant d'un produit pour une durée de temps

---

1. Voir chap. IV, n° 20.

2. ARNOLD JAKOB COHEN STUART. *Bijdrage tot de theorie der progressieve inkomstenbelasting.* La Haye, 1889, pp. 202-203, et *passim*.

3. Dans le cours de cet ouvrage, nous donnerons quelques exemples empruntés à l'étude de l'impôt, car ces exemples sont très clairs et permettent de bien se rendre compte de l'application des mathématiques aux phénomènes économiques et financiers.

4. WILLIAM STANLEY JEVONS, *op. cit.*, p. 150.

non spécifiée, c'est également ce que l'on a coutume d'appeler la valeur d'usage ou utilité totale. Si nous comparons la valeur d'usage MU de deux produits, nous obtiendrons leur rapport d'échange $\frac{MU}{MU}$ ou $M^\circ U^\circ$, qui, puisque sa signification réelle est l'unité, a une signification identique à M°.

Enfin, si $\frac{m}{n}$ est inférieur à $\frac{p}{q}$, le quotient $a^{\frac{m}{n}} : a^{\frac{p}{q}}$ peut être remplacé, en divisant les deux termes par $a^{\frac{m}{n}}$, par le quotient $\frac{1}{a^{\frac{p}{q}-\frac{m}{n}}} \cdot \frac{m}{n} - \frac{p}{q}$ est égal à $-\left(\frac{p}{q} - \frac{m}{n}\right)$. Le symbole $a^{\frac{m}{n}-\frac{p}{q}}$ a un *exposant négatif*, puisque cet exposant est égal à $-\left(\frac{p}{q} - \frac{m}{n}\right)$. Par définition, le symbole $a^{-\left(\frac{p}{q}-\frac{m}{n}\right)}$ est égal à $\frac{1}{a^{\frac{p}{q}-\frac{m}{n}}}$; ou, plus simplement, $a^{-s} = \frac{1}{a^s}$, s étant un nombre positif entier ou fractionnaire.

Si nous avons, par exemple, $\frac{8^6}{8^{10}}$, nous pouvons poser

$$\frac{8^6}{8^{10}} = \frac{8^6 : 8^6}{8^{10} : 8^6} = \frac{8^0}{8^4} = \frac{1}{8^4} = 8^{-4}.$$

De même qu'il se sert des exposants nuls, JEVONS a recours aux exposants négatifs, lorsqu'il s'occupe, entre autres exemples, de l'approvisionnement des produits. « Cent sacs de blé, pris en soi seulement, dit-il, ne peuvent avoir une signification importante pour l'économiste. La quantité sera grande ou petite, suffisante ou trop con-

idérable, d'abord suivant le nombre de consommateurs
uquel elle est destinée, ensuite suivant le temps pendant
equel elle doit être consommée. Nous pouvons peut-être
égliger le nombre des consommateurs dans cette théorie,
n supposant que nous nous occupons toujours d'un seul
ndividu moyen, unité constitutive de la population.
ependant nous ne pouvons nous débarrasser d'une
nanière similaire de l'élément *temps*. La quantité d'appro-
isionnement doit nécessairement être évaluée en divi-
ant le nombre d'unités du produit par le nombre d'unités
e temps pendant lequel il doit être dépensé. Ainsi cela
mpliquera que M est positif et T négatif et ses dimen-
ions seront représentées par MT^{-1}. Ainsi, en réalité, on
oit entendre par approvisionnement, non l'approvision-
ement absolu, mais le taux d'approvisionnement [1]. »

La formule MT^{-1} est facile à comprendre, si l'on se
ouvient que

$$MT^{-1} = \frac{M}{T} = \frac{M}{T},$$

'est à-dire le quotient du nombre d'unités du produit
ar le nombre d'unités de temps.

14. Séries. — La *série* est une expression composée
d'une infinité de termes se succédant à partir du terme
initial d'après une loi donnée, et réunis par le signe +.

Par exemple, $\frac{1}{2} + \frac{1}{2^2} + \frac{1}{2^3} + \ldots + \frac{1}{2^n} + \ldots$ est une

série, les termes se succédant à partir du terme initial $\frac{1}{2}$

---

1. Jevons, *op. cit.*, p. 127.

suivant une loi donnée; dans l'espèce, il s'agit d'une progression géométrique décroissante à quotient 2.

Considérons une série sous la forme générale

$$u_1 + u_2 + u_3 + u_4 + \ldots\ldots + u_n + \ldots\ldots \qquad (1)$$

et formons les sommes constituées par le premier terme, par les deux premiers termes, ... par les n premiers termes, ... Désignons ces sommes respectivement de la façon suivante :

$$S_1 = u_1$$
$$S_2 = u_1 + u_2$$
$$\cdot\quad\cdot\quad\cdot\quad\cdot\quad\cdot\quad\cdot$$
$$S_n = u_1 + u_2 + \ldots\ldots + u_n.$$

Si la suite des nombres

$$S_1 \quad S_2 \quad S_3 \ldots\ldots S_n \ldots\ldots$$

comporte une *limite* au-dessus de laquelle elle ne peut s'élever, on dit que la série (1) est une *série convergente*.

Voici maintenant un exemple numérique de série convergente. C'est, par exemple, la série

$$\frac{6}{10} + \frac{6}{10^2} + \frac{6}{10^3} + \frac{6}{10^4} + \ldots\ldots + \frac{6}{10^n} + \ldots\ldots$$

Le premier terme $\frac{6}{10}$ ou 0.6 est inférieur à $\frac{2}{3}$.

$S_1 = \frac{6}{10} = 0.6$ est donc inférieur à $\frac{2}{3}$.

$S_2 = \frac{6}{10} + \frac{6}{10^2} = 0.66$ est inférieur à $\frac{2}{3}$, mais s'en rapproche plus que S_1.

$$S_3 = \frac{6}{10} + \frac{6}{10^2} + \frac{6}{10^3} = 0.666 \text{ est inférieur à } \frac{2}{3}, \text{ mais}$$

en est encore plus près que S_2.

Et ainsi de suite.

La somme des termes, si nombreux soient-ils, reste toujours inférieure à $\frac{2}{3}$, mais s'en rapproche d'autant plus que le nombre des termes est plus élevé. On dit alors que la somme des termes de la série *converge* vers $\frac{2}{3}$. $\frac{2}{3}$, dans ce cas, est appelé *somme* ou *limite* de cette série infinie.

15. Série *e*. — On appelle e la somme de la série convergente :

$$1 + \frac{1}{1} + \frac{1}{1.2} + \frac{1}{1.2.3} + \ldots + \frac{1}{1.2.3\ldots n} + \ldots$$

e est égal à $2.71828\ldots$ avec cinq chiffres décimaux exacts par défaut.

Cette série présente, nous le verrons, une importance capitale pour l'étude du calcul différentiel.

On démontre que l'on a :

$$e^x = 1 + \frac{x}{1} + \frac{x^2}{1.2} + \frac{x^3}{1.2.3} + \ldots + \frac{x^n}{1.2.3\ldots n} + \ldots$$

x, naturellement, peut avoir n'importe quelle valeur sans que cette égalité se trouve en défaut.

Si, d'autre part, on considère l'expression $\left(1 + \frac{1}{m}\right)^m$, on voit que chacun des facteurs $\left(1 + \frac{1}{m}\right)$ qui la composent tend vers l'unité quand m augmente indéfiniment; mais comme leur nombre est infini, on ne peut admettre que la limite du produit soit égale au produit des limites des facteurs, c'est-à-dire à l'unité.

Pour trouver la véritable limite, appliquons la formule du binôme, m étant supposé entier et positif. Nous aurons :

$$\left(1+\frac{1}{m}\right)^m = 1 + \frac{m}{1}\cdot\frac{1}{m} + \frac{m(m-1)}{1.2}\cdot\frac{1}{m^2} +$$
$$+\ldots+ \frac{m(m-1)\ldots(m-n+1)}{1.2\ldots n}\frac{1}{m^n}+\ldots$$

Comme dans chaque terme du second membre, l'exposant de m au dénominateur est égal au nombre des facteurs du numérateur, on peut écrire ce développement de la façon suivante :

$$\left(1+\frac{1}{m}\right)^m = 1 + \frac{1}{1} + \frac{1\left(1-\frac{1}{m}\right)}{1.2} +$$
$$+\ldots+ \frac{1\left(1-\frac{1}{m}\right)\ldots\left(1-\frac{n-1}{m}\right)}{1.2\ldots n} + R.$$

R désigne la somme des termes qui viennent après les $(n+1)$ premiers.

On voit immédiatement que les numérateurs des différents termes du développement étant, à partir du troisième, moindres que l'unité, les termes de ce développement sont, à partir du même rang, inférieurs à ceux qui leur correspondent dans la série :

$$e = 1 + \frac{1}{1} + \frac{1}{1.2} + \ldots + \frac{1}{1.2.3\ldots n} + \ldots$$

Ainsi $\left(1+\frac{1}{m}\right)^m$ est inférieure à e. Mais remarquons que le terme général :

$$1\left(1-\frac{1}{m}\right)\cdots\left(1-\frac{n-1}{m}\right)$$
$$\overline{1.2\ldots\ldots n};$$

à mesure que m augmente indéfiniment, approche autant que l'on veut de :

$$\frac{1}{1.2\ldots n}.$$

Par conséquent, en donnant à m une valeur convenable, les $(n+1)$ premiers termes du développemment de $\left(1+\frac{1}{m}\right)^{m}$ donneront une somme qui différera aussi peu que l'on voudra de la somme des $(n+1)$ premiers termes de la série e; et cela, quelle que soit la valeur finie attribuée à n. La différence entre ces deux sommes peut devenir aussi petite que l'on veut. Aussi la différence entre e et la somme des $(n+1)$ premiers termes de $\left(1+\frac{1}{m}\right)^{m}$ peut devenir aussi petite que l'on veut; et il en est de même, *a fortiori*, de la différence entre e et le développement complet de $\left(1+\frac{1}{m}\right)^{m}$; de sorte que l'on peut poser :

$$\lim \left(1+\frac{1}{m}\right)^{m} = e, \qquad (1)$$

m étant supposé *entier* et croissant indéfiniment.

On démontre qu'il en est de même si m est un nombre *fractionnaire*. Si, dans ce cas, l'on pose :

$$\frac{1}{m} = \alpha,$$

d'où

$$m = \frac{1}{\alpha},$$

on a, en remplaçant m et $\frac{1}{m}$ par $\frac{1}{\alpha}$ et α dans l'égalité (1),

$$\lim (1 + \alpha)^{\frac{1}{\alpha}} = e.$$

Ainsi α étant une quantité *positive* quelconque qui tend vers zéro, l'expression $(1 + \alpha)^{\frac{1}{\alpha}}$ tend vers e.

On démontre enfin que, si $\frac{1}{m}$ ou α est *négatif* et tend vers zéro, on peut encore poser :

$$\lim \left(1 + \frac{1}{m}\right)^{m} = e,$$

ou
$$\lim (1 + \alpha)^{\frac{1}{\alpha}} = e.$$

En résumé, de quelque manière que α tende vers zéro, on peut toujours écrire :

$$\lim (1 + \alpha)^{\frac{1}{\alpha}} = e.$$

16. Logarithmes vulgaires. — On appelle *logarithme* d'un nombre l'exposant de la puissance à laquelle il faut élever un nombre positif donné a pour reproduire le nombre proposé. Ce nombre constant a est appelé *base* du système de logarithmes.

On désigne le logarithme d'un nombre par la notation log; soit, par exemple,

$$y = a^{x},$$

cela signifie que l'exposant x est le logarithme du nombre y, ce qui s'écrit :

$$x = \log_{a} y.$$

L'indice a indique que la base du système de logarithmes est a.

De ce qui précède, il résulte que toute base, quelle qu'elle soit, a 1 pour logarithme.

En effet, de $y = a^x$ on tire $a = a^1$.

On démontre que, pour passer d'un système de logarithmes à un autre, il suffit de multiplier les logarithmes du premier système par l'inverse du logarithme de la nouvelle base, pris dans le premier système.

Supposons, par exemple, que l'on ait calculé les logarithmes des nombres dans le système dont la base est a, et que l'on se propose de les calculer dans un autre système dont la base est b; si l'on appelle x le logarithme d'un nombre quelconque y dans le premier système et x' le logarithme du même nombre y dans le deuxième système, on aura

$$x' = \frac{1}{\log^a b} x.$$

Le facteur constant $\frac{1}{\log^a b}$ a reçu le nom de *module* du premier système par rapport au second.

Les logarithmes *vulgaires* sont ceux dont la base est 10. On ne les représente pas par la notation $\log_{10}$, mais, plus simplement, par la notation log. M. Fisher[1] les représente au contraire par la notation Log.

Nous donnerons plus loin un exemple, tiré de l'ouvrage précité de M. Cohen Stuart, où cet auteur emploie les

1. Irving Fisher, *A brief introduction to the infinitesimal calculus, designed especially to aid in reading mathematical economics and statistics*, 3ᵉ édition, New-York, 1906, p. 33.

logarithmes vulgaires pour établir sa formule de l'impôt progressif[1].

17. Logarithmes népériens. — On appelle *logarithmes népériens* ou *hyperboliques* les logarithmes pris dans le système dont la base est e, c'est-à-dire la série :

$$1 + \frac{1}{1} + \frac{1}{1.2} + \frac{1}{1.2.3} + \ldots + \frac{1}{1.2\ldots n} + \ldots = 2.71828\ldots$$

Tandis que, pour désigner les *logarithmes vulgaires*, on se sert de la notation log, pour désigner les *logarithmes népériens*, on se sert simplement de la lettre L. Ly, par conséquent, signifie logarithme népérien de y. Ainsi,

quand on a : $X = e^r,$

on peut poser : $x = LX.$

M. FISHER[2] désigne, par contre, les logarithmes népériens par la notation log et M. COHEN STUART[3] par la notation Nep. log.

Nous avons vu que toute base avait 1 pour logarithme ; cela est vrai, en particulier, du système qui a pour base la série e. Le logarithme népérien de e est donc 1. Cherchons maintenant quel est le logarithme népérien de 1.

Il est de zéro, nous allons le voir. On a, en effet :

$$e^x = 1 + \frac{x}{1} + \frac{x^3}{1.2} + \ldots + \frac{x^n}{1.2\ldots n} + \ldots$$

Cette égalité est vraie, quelle que soit la valeur de x. Elle est donc vraie si $x = 0$. Dans ce cas, l'on a :

$$e^0 = 1,$$

1. Voir chapitre IV, n° 20.
2. FISHER, *op. cit.*, p. 33.
3. COHEN STUART, *op. cit.*, p. 202.

autrement dit, 0 est le logarithme de 1 dans le système dont la base est e.

Remarquons également qu'un nombre *supérieur à l'unité* a un *logarithme positif* et qu'un nombre *inférieur à l'unité* a un *logarithme négatif*.

De même qu'il se sert des logarithmes vulgaires, M. Cohen Stuart a recours aux logarithmes népériens pour arriver à sa formule de l'impôt progressif[1].

1. Voir chapitre IV, n° 20.

CHAPITRE II

NOTIONS ÉLÉMENTAIRES SUR LA GÉOMÉTRIE ANALYTIQUE ET SUR LES FONCTIONS.

1. Abscisses et ordonnées. — Soit, dans un plan, deux droites rectangulaires XX' et YY', se coupant en O (fig. 3). Ces deux droites portent, en géométrie analytique, le nom commun d'*axes coordonnés* ou, plus simplement, de *coordonnées*.

On suppose conventionnellement que les directions OX et OY sont *positives* et que les directions OX' et OY' sont *négatives*. Cela signifie que, si l'on porte sur les coordonnées une valeur positive, il faudra la porter sur OX ou sur OY, et que, si l'on veut porter sur les coordonnées une valeur négative, il faudra la porter sur OX' ou sur OY'.

Si l'on veut déterminer un point quelconque du plan, M par exemple, il faut mener par ce point deux parallèles aux coordonnées XX' et YY'. La première rencontre YY' en A et la seconde rencontre XX' en B. OA est appelée l'*ordonnée* et OB l'*abscisse* du point M. L'abscisse d'un point se porte toujours sur XX', ou *ligne des x*, et son ordonnée sur YY', ou *ligne des y*.

En sens inverse, étant donné une abscisse OB et une ordonnée OA, il est facile de trouver sur le plan le point M qui leur correspond. Il suffit d'élever sur XX' une perpendiculaire en B et sur YY' une perpendiculaire en A. Le point cherché M est le point d'intersection des deux perpendiculaires.

Les ordonnées de tous les points situés sur une parallèle AC à l'axe des x sont égales; de même, les abscisses de tous les points situés sur une parallèle BD à l'axe des y sont égales.

2. **Courbes empiriques.** — Telles sont les connaissances élémentaires suffisant aux personnes désireuses de traduire en *courbes empiriques* les données de la statistique.

Si, par exemple, le prix moyen du blé a été de 20 fr., 25 fr., 22 fr. et 21 fr. le quintal pendant quatre années consécutives, et si l'on veut donner, au moyen d'un graphique, une représentation bien nette de ces fluctuations, on pourra procéder de la façon suivante : les années et les prix seront les coordonnées, les premières seront des abscisses et les seconds des ordonnées; on portera sur la ligne des x les quatre années en question et sur la ligne des y les prix du blé pendant ces diverses années. Si OR est égal à 20, pour avoir l'ordonnée OR' = 25, il faudra prendre à partir de O dans la direction Y une

longueur $\quad \text{OR}' = \dfrac{\text{OR} \times 25}{20} = \dfrac{\text{OR} \times 5}{4}$. OR' représentera

donc les $\dfrac{5}{4}$ de OR. On procédera de même pour OR" = 22

et OR''' = 21. Enfin par OR, OR', OR" et OR''' l'on mènera des parallèles à l'axe des x.

D'autre part, à partir de O dans la direction X, nous prendrons quatre longueurs égales OA, AA', A'A" et A"A'''. A représentera la première année, A' la seconde, A" la troisième et A''' la quatrième. Par A, A', A'' et A''' nous mènerons des parallèles à l'axe des y. Joignons les points d'intersection M, M', M'' et M'''; nous obtiendrons une ligne brisée M M' M'' M''', qui représente les fluctuations du prix moyen du blé pendant les quatre années envisagées (fig. 4).

On a fait de ce procédé un usage considérable; il n'est plus de statistique un peu longue qui ne soit accompagnée de son graphique, destiné à faire voir d'un coup d'œil ce que l'on devrait chercher dans la lecture fastidieuse d'un tableau bourré de chiffres.

Les courbes empiriques sont également très employées par les théoriciens de la valeur. Par exemple, Cournot représente les prix par l'axe des x, la quantité demandée de l'objet pour un prix x par xp et la quantité offerte au prix x par xq. Si l'on établit tous les points p et tous les points q pour toutes les valeurs de x, et que l'on réunisse tous les points p, d'une part, et tous les points q, de l'autre, on obtient la courbe de la demande DD_1 et la courbe de l'offre SS_1 de l'objet envisagé. Le prix Oa auquel la demande et l'offre se font équilibre est déterminé par l'intersection r de ces deux courbes (fig. 5).

M. Wicksteed, au contraire, représente par l'abscisse la quantité de l'objet et par l'ordonnée le montant du prix [1]. Quant à MM. Marshall, Auspitz et Lieben, et Edgeworth, ils représentent par les deux coordonnées les quantités des deux objets échangés. La figure 6, par exemple, représente l'état de l'offre et de la demande, sur

[1]. Philip H. Wicksteed, *The alphabet of economic science*, vol. I, Londres, 1888.

le marché international, en ce qui concerne l'Angleterre et l'Allemagne. La courbe OE signifie qu'en échange d'une quantité Oy de toile, l'Angleterre est disposée à offrir $yp = Ox$ de drap ; ou, en d'autres termes, qu'en échange de la quantité Ox de drap, l'Angleterre demande $xp = Oy$ de toile. De même, la courbe OG représente l'offre et la demande de drap et de toile du côté allemand. La position d'équilibre est déterminée par l'intersection m de ces deux courbes [1].

Tout ceci, il est vrai, est un peu en dehors de notre sujet. Ces explications n'en sont d'ailleurs pas moins utiles pour faire comprendre ce qui va suivre, c'est-à-dire l'application de la géométrie analytique à l'économie politique et à l'étude de l'impôt.

3. **Notions élémentaires sur les fonctions.** — Mais, avant d'aller plus loin, il est nécessaire de définir ce que l'on entend par constantes, variables et fonctions.

Les quantités auxquelles on a affaire dans une question donnée peuvent se répartir en deux grandes classes : les *constantes*, ou quantités ayant toujours la même valeur, et les *variables*, ou quantités dont la valeur est changeante.

Il y a deux sortes de variables : les *variables indépendantes*, qui peuvent avoir des valeurs arbitrairement choisies, et les *variables dépendantes*, qui ont des valeurs déterminées variant avec les valeurs arbitrairement attribuées aux variables indépendantes. Les variables

---

1. Sur cette question, on consultera avec fruit F. Y. Edgeworth, *On the application of mathematics to political economy*, étude parue dans le *Journal of the royal statistical Society*, vol. LII, décembre 1889.

dépendantes portent couramment le nom de *fonctions*; les variables indépendantes sont souvent désignées sous le nom plus bref de *variables*.

Si nous considérons x comme variable et y comme fonction de x, à chaque valeur arbitrairement attribuée à x correspond une ou plusieurs valeurs déterminées de y.

Cela s'exprime sous les formes :

$y = \mathrm{F}(x)$ ou $f(x)$ ou $\Phi(x)$ ou $\varphi(x)$ ou $\Psi(x)$ ou $\psi(x)$, etc., ce qui se lit y égale fonction de x.

Si, par exemple, nous désignons par p le *prix* d'une marchandise (variable indépendante) et que ce prix augmente ou diminue, p, naturellement, augmentera ou diminuera. Si, d'autre part, nous appelons v la *quantité vendue* de cette marchandise, à chaque valeur de p correspond une valeur de v; en d'autres termes, à chaque prix de la marchandise correspond un certain débit : plus le prix est élevé, moins la quantité vendue est importante, toutes choses étant égales, d'ailleurs; et inversement. Cela s'écrit sous la forme

$$v = f(p),$$

et signifie : la quantité vendue est fonction du prix. De même la *valeur d'usage* d'un objet pour un individu est fonction de la *quantité possédée* : la somme des avantages que l'on tire de l'usage ou de la consommation d'une marchandise est fonction de sa quantité et croît ou décroît à mesure que varie cette quantité.

Le grand avantage de l'emploi des fonctions en économie politique (et ailleurs), c'est la *réversibilité* des résultats. En effet, quand on peut poser

$$y = f(x),$$

on peut poser, de même,

$$x = f(y).$$

Cela est facile à comprendre : si y varie à mesure que x varie, suivant une loi déterminée, il est bien certain que x varie à mesure que y varie.

Pour prendre l'exemple donné plus haut, si

$$v = f(p),$$

on peut également poser

$$p = f(v).$$

On sait, en effet, que le prix diffère suivant que la quantité vendue est plus ou moins considérable. Le prix est donc fonction de la quantité vendue, de même que la quantité vendue est fonction du prix.

Au surplus, cela n'est pas tout à fait absolu. Voici, à ce sujet, les explications que donnent M. PARETO [1] et MM. VIRGILII et GARIBALDI [2] :

Si un individu se rend au marché, il se peut qu'il en subisse les prix sans les altérer de propos délibéré; en fait, sa demande et son offre les modifient à son insu. Telle est la caractéristique de la *libre concurrence*.

Mais il se peut que, seul ou d'accord avec d'autres, il cherche à faire varier les prix. Il s'agit, en ce cas, de l'état de *monopole*.

Dans le cas de concurrence, on devra regarder les prix comme *constants*, et, dans le cas de monopole, comme

1. VILFREDO PARETO, *Cours*, I, p. 49.
2. VIRGILII et GARIBALDI, *op. cit.*, pp. 143-144.

variables. Dans ce dernier cas, il faudra considérer comme *variables indépendantes* ceux sur lesquels l'individu considéré peut effectivement agir de son propre arbitre et comme *variables dépendantes* ceux qui, étant donné le choix des prix précédents, pourront être déterminés par leurs variations, au lieu de l'être directement par le monopoleur.

Un exemple très précis des fonctions est donné par la loi de GREGORY KING. Ce statisticien anglais avait remarqué qu'un déficit dans la récolte de blé en Grande-Bretagne avait les conséquences suivantes au point de vue des prix :

Déficit.	Augmentation du prix.
1/10	30 p. 100
2/10	80 —
3/10	160 —
4/10	280 —
5/10	450 —
etc.	etc.

Le prix y, fonction de la quantité x du blé récolté, est donné par la formule

$$y = f(x) = \frac{1\,500 - 374x + 33x^2 - x^3}{60}.$$

qui exprime en une seule ligne tout le tableau ci-dessus [1].

4. Fonctions croissantes et fonctions décroissantes. — Maintenant que nous savons ce qu'il faut entendre par fonctions, voyons ce que l'on appelle fonctions croissantes et fonctions décroissantes.

On dit qu'une fonction $f(x)$ d'une variable x est *croissante* dans un intervalle donné relatif à cette variable si

1. Cf. WICKSTEED, *op. cit.*, p. 44.

elle ne cesse d'augmenter lorsque la variable va en augmentant dans cet intervalle. On le reconnaît à ce que, a et b étant deux valeurs quelconques de x comprises dans l'intervalle considéré, $f(b)$ est plus grand que $f(a)$ si b est plus grand que a, ou, d'une manière plus générale, à ce que la différence $f(b) - f(a)$ a toujours le signe de la différence $b - a$, et n'est pas nulle.

On dit, au contraire, qu'une fonction $f(x)$ est *décroissante* dans un intervalle, si elle ne cesse de diminuer lorsque la variable va en augmentant dans cet intervalle. On le reconnaît à ce que, a et b étant deux valeurs quelconques de x comprises dans l'intervalle, la différence $f(b) - f(a)$ a toujours le signe contraire à celui de $b - a$, et n'est pas nulle.

La même fonction peut d'ailleurs être croissante, puis décroissante, ou inversement, pour différentes valeurs de la variable.

Il est très facile, au moyen des courbes, de se rendre compte si une fonction est croissante ou décroissante; en effet, étant donné une fonction d'une variable, quelle que puisse être la nature de la fonction, la relation qui existe entre elle et la variable est susceptible d'être représentée par une courbe, Si la courbe est *ascendante*, la fonction est *croissante*; si la courbe est *descendante*, la fonction est *décroissante*.

5. **Exemples économiques de fonctions croissantes et décroissantes.** — Le premier exemple que nous allons donner est extrait de l'*Alphabet* de M. Wicksteed[1].

____

1. Wicksteed, *op. cit.*, pp. 14-18.

Comme la satisfaction tirée de l'emploi d'un objet est fonction de la quantité possédée, il doit exister une courbe qui assigne à toute quantité concevable d'une marchandise donnée la satisfaction totale que tirera de son emploi ou de sa possession une personne donnée; en d'autres termes, la relation entre la *satisfaction totale dérivée* de la jouissance d'une chose et la *quantité employée* de cet objet est susceptible d'être représentée au moyen d'une courbe.

Cette satisfaction totale dérivée étant ce que beaucoup d'économistes appellent *utilité totale* ou *valeur d'usage*, nous pouvons dire : Puisque la valeur d'usage d'une marchandise varie avec la quantité de cette marchandise, on peut, en théorie, représenter par une courbe le rapport existant entre la quantité et la valeur d'usage.

Mais, à mesure que croit cette quantité, nous approchons peu à peu du point où elle nous confère la pleine satisfaction que nous pouvons en tirer. La fonction atteint alors sa *valeur maximum* correspondant au plus haut point de la courbe. Si la quantité continue à augmenter, notre satisfaction totale se met à décroître et arrive peu à peu à zéro. Il y a même un moment où l'inconvénient est supérieur à l'avantage; on a ainsi des ordonnées négatives, une *valeur d'usage négative*.

Si l'on prend, par exemple, la viande de boucherie, la plupart des hommes tirent une grande satisfaction de la consommation de la viande fraîche. Le montant de cette satisfaction augmente avec l'accroissement de la quantité consommée jusqu'à un poids d'environ une demi-livre à trois quarts de livre par jour. A ce point, on se trouve rassasié. Si l'on est obligé de manger une quantité plus forte, l'inconvénient qui en résulte neutralise en partie l'avantage et le plaisir qui provenaient de la consommation de la première demi-livre. Il arrive même un moment où, la viande étant très abondante, on préfère s'en passer que de consommer le tout. La courbe des valeurs d'usage de la viande monte d'abord, puis elle descend. Elle arrive même à couper la ligne des x; à partir de ce point d'intersection, les valeurs d'usage sont négatives (fig. 7).

On peut également signaler comme fonction d'abord croissante, puis décroissante, la fonction $p\,F(p)$ à laquelle Cournot a si souvent recours. $F(p)$ ou D représente la *quantité vendue* chaque année ou *débit annuel*, qui, nous l'avons vu, est fonction du *prix de vente p*. $p\,F(p)$ ou $p\,D$ représente le produit du débit par le prix, c'est-à-dire la *valeur totale* de la quantité débitée annuellement. La fonction $p\,F(p)$ est nulle pour $p=0$, puisque la consommation d'une denrée reste toujours finie, même dans l'hypothèse d'une absolue gratuité. D'autre part, cette fonction s'évanouit encore lorsque $p=\infty$, et même avant, puisqu'il arrive toujours un moment, lorsque p va en croissant, où la denrée cesse d'être demandée, et par conséquent produite, par suite de l'élévation du prix. Il en résulte que la fonction $p\,F(p)$ va d'abord en augmentant avec p, puis en diminuant[1].

6. **Fonctions continues et fonctions discontinues.** — Lorsque l'on considère deux valeurs voisines de la

---

1. Cournot, *Recherches*, p. 56.

variable, x et $x + h$, on dit que l'on passe de la première à la seconde en donnant à x un accroissement h; cet accroissement peut être *positif* ou *négatif*.

Pour désigner la valeur *absolue* d'un nombre relatif, on place souvent ce trait entre deux traits verticaux; ainsi $|h|$ représente la valeur absolue du nombre positif ou négatif h.

Soit y une fonction donnée de x dans un intervalle, représentée par $f(x)$; si l'on donne à la variable deux valeurs voisines x et $x + h$ appartenant à cet intervalle, la différence

$$k = f(x + h) - f(x)$$

des valeurs correspondantes de y est appelée l'*accroissement de la fonction* correspondant à l'accroissement h de la variable. Si k a pour limite zéro quand h tend vers zéro, on dit que y est une fonction *continue* pour la valeur x de la variable; on le reconnaît à ce que la valeur absolue $|k|$ de l'accroissement de y peut devenir aussi petite que l'on veut pour des valeurs suffisamment petites de $|h|$.

La fonction $y = x^m$, par exemple, est continue pour toute valeur de x.

Une fonction non continue pour une valeur x est dite *discontinue* pour cette valeur; par exemple, la fonction rationnelle

$$y = \frac{x + 1}{x - 1}$$

est discontinue pour $x = 1$, car y n'existe pas pour cette valeur, et la fonction augmente indéfiniment en valeur absolue lorsque x tend vers 1.

On a en effet : $y = \dfrac{1+1}{1-1} = \dfrac{2}{0} = \infty$.

De même la fonction $\quad y = e^{\frac{1}{x}}$

est discontinue pour $x = 0$; on a, en effet,

$$y = e^{\frac{1}{0}} = e^{\infty} ;$$

y augmente indéfiniment si x tend vers zéro par valeurs positives, et au contraire a pour limite zéro si x tend vers zéro par valeurs négatives.

Dire· qu'une fonction est continue pour x, c'est dire que $f(x+h)$ a pour limite $f(x)$ quand h tend vers zéro ; les deux propriétés sont équivalentes.

7. Exemple économique des fonctions continues et des fonctions discontinues. — Cournot donne un exemple très clair de ce que sont les fonctions continues et les fonctions discontinues en matière économique[1]. Nous ne pouvons mieux faire que de lui laisser la parole. Il s'agit, dans la citation qui va suivre, de la demande ou du débit D, fonction du prix p, c'est-à-dire de la loi

$$D = F(p).$$

« Nous admettrons, dit Cournot, que la fonction $F(p)$ qui exprime la loi de la demande ou du débit est une fonction *continue*, c'est-à-dire une fonction qui ne passe pas soudainement d'une valeur à une autre, mais qui prend dans l'intervalle toutes les valeurs intermédiaires. Il en pourrait être autrement si le nombre des consommateurs était très limité : ainsi, dans tel ménage, on

1. Cournot, *Recherches*, pp. 52-55.

pourra consommer précisément la même quantité de bois de chauffage, que le bois soit à 10 francs ou à 15 francs le stère; et l'on pourra réduire brusquement la consommation d'une quantité notable, si le prix du stère vient à dépasser cette dernière somme. Mais plus le marché s'étendra, plus les combinaisons des besoins, des fortunes ou même des caprices seront variées parmi les consommateurs, plus la fonction $F(p)$ approchera de varier avec p d'une manière continue. Si petite que soit la variation de p, il se trouvera des consommateurs placés dans une position telle que le léger mouvement de hausse ou de baisse imprimé à la denrée influera sur leur consommation, les engagera à s'imposer quelques privations, ou à réduire leurs exploitations industrielles, ou à substituer une autre denrée à la denrée renchérie, par exemple la houille au bois, ou l'anthracite à la houille. C'est ainsi que le thermomètre de la Bourse accuse, par de très petites variations du cours, les variations les plus fugitives dans l'appréciation des chances auxquelles les fonds publics sont sujets, variations qui ne sont point une raison suffisante de vendre ni d'acheter pour la plupart de ceux qui ont leur fortune engagée dans les fonds publics.

« Si la fonction $F(p)$ est continue, elle jouira de la propriété commune à toutes les fonctions de cette nature, et sur laquelle reposent tant d'applications importantes de l'analyse mathématique : *les variations de la demande seront sensiblement proportionnelles aux variations du prix, tant que celles-ci seront de petites fractions du prix originaire.* D'ailleurs, ces variations seront de signes contraires, c'est-à-dire qu'à une augmentation de prix correspondra une diminution de la demande.

« Supposons que, dans un pays comme la France, la consommation de sucre soit de 100 millions de kilogrammes, quand le prix est de 2 fr. le kilogramme, et qu'on l'ait vue s'abaisser à 99 millions de kilogrammes, quand le prix s'est élevé à 2 fr. 10. On pourra, sans erreur notable, évaluer à 98 millions de kilogrammes la consommation qui correspondrait au prix de 2 fr. 20, et à 101 millions de kilogrammes la consommation correspondante au prix de 1 fr. 90. On conçoit combien ce principe, qui n'est que la conséquence mathématique de la continuité des fonctions, peut faciliter les applications de la théorie, soit en simplifiant les expressions analytiques des lois qui régissent le mouvement des valeurs, soit en réduisant le nombre des données qu'il faudra emprunter à l'expérience, si la théorie devient assez avancée pour se prêter à des déterminations numériques.

« N'oublions pas d'observer que le principe énoncé ci-dessus peut à la rigueur admettre des exceptions, par la raison qu'une fonction continue peut, en quelques points de son cours, éprouver des solutions de continuité ; mais, de même que le frottement use les aspérités et adoucit les contours, ainsi la triture du commerce tend à supprimer ces cas exceptionnels, en même temps que le mécanisme commercial modère les variations dans les prix et tend à les maintenir entre les limites qui facilitent l'application de la théorie. »

8. **Représentation géométrique des équations du premier degré.** — Ces explications préliminaires fournies,

nous pouvons revenir à l'étude de la géométrie analytique. Supposons donnée une équation quelconque du
premier degré,

$$y = 2x,$$

entre x et y. Portons sur la ligne des abscisses XX' (fig. 8)
toutes les valeurs de x, et sur la ligne des ordonnées
YY' toutes les valeurs de y correspondant respectivement
aux diverses valeurs de x. Procédons comme nous
l'avons fait plus haut pour les courbes empiriques[1]. Nous
obtiendrons une ligne MM' qui donnera la représentation
graphique de toutes les valeurs de y correspondant aux
diverses valeurs de x.

Cherchons quelle est cette ligne M'M représentant
toutes les valeurs de y pour toutes les valeurs de x,
quand x passe de $-\infty$ à $+\infty$. Cette ligne passe par 0,
puisque, si $x = 0$, $y = 2x = 0$. Si $x = 1$, nous avons
$y = 2x = 2$. M'M passe donc par le point A dont l'abscisse est 1 et l'ordonnée 2. La *droite* qui passe par les
deux points O et A est la ligne cherchée M'M.

Pour démontrer cela, prenons par exemple sur cette
droite, du même côté de la ligne des y, un point C, et
abaissons la perpendiculaire CD sur l'axe des x. Nous
avons l'égalité

$$CD = 2 \, OD \quad (y = 2x).$$

En effet, les triangles OAB et OCD étant semblables, il
en résulte que si AB est le double de OA, CD sera le
double de OD.

On démontre de même que le point F, situé sur le pro-

1. Voir même chapitre, n° 2.

longement de OC de l'autre côté de la ligne des y, est un point de la ligne MM'.

La forme de la figure ne varie pas si $y = 3x$ ou $4x$ ou tout autre multiple ou sous-multiple de x. On peut dire, d'une façon générale, que l'expression $y = ax$ se traduit par une droite passant par le point O. La courbe MM' qui représente géométriquement l'équation $y = ax$ est toujours une ligne droite.

En procédant de la même façon, on prouve que toutes les équations du premier degré, c'est-à-dire les équations où x a pour exposant 1, sont toujours géométriquement représentées par une droite, mais que, si l'égalité est de la forme

$$y = ax \pm b,$$

a et b étant des constantes, la droite MM' ne passe pas par O. Elle passe au-dessus de O si la relation est de la forme

$$y = ax + b,$$

et au-dessous de O si la relation est de la forme

$$y = ax - b.$$

9. **Représentation géométrique de l'équation du second degré.** — Prenons l'équation du second degré sous sa forme la plus simple, $y = x^2$. Si x est nul, y l'est également; si x est compris entre 0 et 1, y est de même compris entre 0 et 1, puisque le carré de tout nombre inférieur à 1 est lui-même inférieur à 1. Pour les valeurs de x 0.001, 0.005, 0.01, 0.05, 0.1, 0.5, y prendra les valeurs 0.000001, 0.000025, 0.0001, 0.0025, 0.01, 0.25. Si nous portons les valeurs de x sur XX' et les valeurs de y sur

YY', nous voyons que, quand x est très petit, inférieur à 1, le point M dont les coordonnées sont x et $y = x^2$ est beaucoup plus près de XX' que de YY', et que, quand x est égal à 1, le point M est à égale distance des deux coordonnées. Enfin, si x est supérieur à 1, M est toujours plus rapproché de YY' que de XX'. On a, en effet, pour $x = 2$, $y = 2^2 = 4$, pour $x = 5$, $y = 5^2 = 25$, pour $x = 10$, $y = 10^2 = 100$, et ainsi de suite.

D'autre part, si x est inférieur à 0, y sera *positif*; le produit de deux valeurs négatives donne en effet une valeur positive. De plus, les deux points de MM' correspondant l'un à une valeur *positive a* de x, l'autre à la valeur symétrique *négative* — a de x, sont deux points symétriques par rapport à l'axe des y. Ainsi, lorsque x est égal à 2, y est égal à $2^2 = 4$; si x est égal à — 2, y est égal à $(-2)^2 = 4$. Si x croît de — ∞ à + ∞, y ou x^2 est tout d'abord positif et très grand; il diminue quand x augmente de — ∞ à 0; pour cette dernière valeur, x^2 est nul; puis, x continuant à augmenter, x^2 passe de 0 à ∞. La fonction $y = x^2$ a donc un minimum, et ce minimum est 0.

Il en est absolument de même, si y est égal à un multiple ou à un sous-multiple de x^2. Tant que x passe de — ∞ à 0, y diminue; x étant égal à 0, y est égal à ax^2, c'est-à-dire à $a \times 0^2$, c'est-à-dire à 0; x passant de 0 à + ∞, y va en croissant. La seule différence, *non essentielle* d'ailleurs, entre les fonctions $y = ax^2$ et $y = x^2$, c'est que, pour $y = ax^2$, a étant par définition autre que 1, y ne sera jamais égal à 1 si x est égal à 1.

Les courbes qui ont une équation de la forme $y = ax^2$

(*a*, bien entendu, étant constant) portent le nom de *paraboles*. Le point O est leur *sommet*, l'axe des x leur *tangente au sommet* et l'axe des y leur *axe de symétrie*.

La *parabole* se définit de la façon suivante : le lieu des points à égale distance d'un point fixe et d'une droite fixe. Le point fixe est le *foyer*, la droite fixe est la *directrice* de la parabole.

Pour obtenir l'équation de cette courbe, on prend pour axe des y la perpendiculaire à la directrice menée par le foyer F, pour origine le milieu O de cette perpendiculaire; la direction *positive* sur l'axe des y sera la direction qui va du point O vers le point F; l'axe des x sera la parallèle menée par le point O à la directrice AR. Le point O est évidemment un point du lieu, un point de la parabole (fig. 9).

Pour qu'un point M appartienne à ce lieu, à cette parabole, il faut que la distance MF du point M au foyer soit égale à la distance MR du point M à la directrice.

On désigne en général par p la distance FA du foyer à la directrice; l'ordonnée FO du foyer F sera donc $\frac{p}{2}$. Le triangle MFQ, rectangle en Q, fournit la relation

$$MF^2 = FQ^2 + QM^2;$$

on a d'ailleurs, en désignant par x et y les coordonnées OP et OQ du point M,

$$FQ = OQ - OF = y - \frac{p}{2},$$

$$QM = OP = x.$$

Donc
$$MF^2 = \left(y - \frac{p}{2}\right)^2 + x^2.$$

D'un autre côté, la distance MR du point M à la directrice est égale à AQ, et l'on a :

$$AQ = AO + OQ = \frac{p}{2} + y.$$

Donc
$$MR^2 = \left(\frac{p}{2} + y\right)^2.$$

En écrivant que les carrés des distances MF et MR sont égaux, on a la condition nécessaire et suffisante pour que le point M appartienne à la parabole; l'équation de cette courbe est donc

$$x^2 + \left(y - \frac{p}{2}\right)^2 = \left(\frac{p}{2} + y\right)^2,$$

ou
$$x^2 + y^2 - py + \frac{p^2}{4} = \frac{p^2}{4} + py + y^2,$$

ou
$$x^2 - 2py = 0,$$

ou
$$2py = x^2.$$

Le facteur $2p$ porte le nom de *paramètre* de la courbe.

Comme emploi de la parabole par les économistes, nous pouvons citer l'usage qu'en fait M. Martello dans son analyse de la loi mathématique de l'impôt progressif [1]. Nous ne donnerons pas ici cet exemple, car il nécessiterait de trop longs développements.

10. **Représentation géométrique de la fonction $\frac{K}{x}$ (hyperbole).** — Dans les fonctions que nous venons d'étudier, la variable x peut prendre n'importe quelles

1. Tullio Martello, *L'imposta progressiva in teoria ed in practica.* 2ᵉ édition, Turin, 1895, pp. 200 *sq.*

valeurs; la fonction $\frac{1}{x}$ au contraire [1] n'a aucun sens pour $x = 0$. La courbe dont $y = \frac{1}{x}$ est l'équation présente par suite une particularité fort curieuse pour la partie qui correspond aux très petites valeurs de x.

Occupons-nous d'abord des valeurs *positives* de x; ce sont d'ailleurs les seules qui soient intéressantes au point de vue de l'économie politique et de l'étude de l'impôt [2].

y est d'autant plus grand que x est plus petit et réciproquement; y ou $\frac{1}{x}$ devient aussi grand que l'on veut pourvu que l'on rende x le plus petit possible. Plus on se rapproche de l'axe des y, c'est-à-dire plus x est près de zéro, plus les points de la courbe sont situés haut : c'est ce que l'on exprime en disant que y tend vers $+\infty$ quand x tend vers zéro par valeurs positives ou en disant que la courbe est *asymptote* à l'axe des y dans la direction des y positifs.

Un exemple numérique le fera comprendre aisément :

$$\text{pour } x = 100 \qquad y = \frac{1}{100} = 0,01$$
$$\text{pour } x = 1 \qquad y = \frac{1}{1} = 1$$

1. Nous nous occupons d'abord de la fonction $\frac{1}{x}$; nous parlerons ensuite du cas général, c'est-à-dire de la fonction $\frac{K}{x}$.

2. Pour tout ce qui suit, on peut se reporter à la figure 10 qui donne la partie *positive* de l'hyperbole correspondant à la formule $\frac{1}{x}$ ou $\frac{K}{x}$, 1 ou K étant *positif*.

$$\text{pour } x = 0,01 \qquad y = \frac{1}{0,01} = 100$$

$$\text{pour } x = 0,0001 \qquad y = \frac{1}{0,0001} = 10\,000$$

$$\text{pour } x = 0,000001 \qquad y = \frac{1}{0,000001} = 1\,000\,000$$

$$\text{pour } x = 0 \qquad y = \frac{1}{0} = +\infty.$$

Observons que l'on dit qu'une droite OY est *asymptote* à une branche infinie de courbe AMB, si la distance MP d'un point de la courbe à la droite tend vers zéro quand le point M s'éloigne à l'infini sur la branche AMB.

De même que, si x *décroît*, y ou $\frac{1}{x}$ *croît*, de même, si x *croît*, y ou $\frac{1}{x}$ *décroît*. La courbe se rapproche alors de l'axe des x. Pour $x = 1$, y ou $\frac{1}{x}$ est égal à 1; le point dont les coordonnées sont $y = 1$ et $x = 1$ est situé sur la bissectrice de l'angle XOY. Si x continue à croître, y devient aussi petit que l'on veut; la courbe se rapproche graduellement de l'axe des x, pourvu que l'on s'éloigne assez dans la direction des x positifs. On dit encore que $\frac{1}{x}$ tend vers zéro quand x tend vers $+\infty$, que la courbe est *asymptote* à l'axe des x dans la direction des x positifs.

Bref, x croissant de 0 à $+\infty$, y ou $\frac{1}{x}$ décroît de $+\infty$ à 0; y n'atteint jamais cette dernière valeur pour une valeur finie de x.

Si x a une valeur *négative*, on se rend compte, en suivant le même raisonnement que, x croissant de

$-\infty$ à 0, y décroît de 0 à $-\infty$. Pour $x = 0$, la fonction $\frac{1}{x}$ n'a pas de sens; elle est *infinie*; quand x passe par 0 en croissant, on dit que y ou $\frac{1}{x}$ passe de $-\infty$ à $+\infty$.

Pour $x = 0$, y ou $\frac{1}{x}$ est une *fonction discontinue*.

La forme et la disposition de la courbe dont l'équation est $y = \frac{K}{x}$, en désignant par K une constante numérique positive, sont pareilles à la forme et à la disposition de la courbe dont l'équation est $y = \frac{1}{x}$, puisque $\frac{K}{x}$ est proportionnel à $\frac{1}{x}$. Quand x croît de $-\infty$ à 0 et de 0 à $+\infty$, $\frac{K}{x}$ décroît de 0 à $-\infty$, passe de $-\infty$ à $+\infty$, puis décroît de $+\infty$ à 0.

Si K est un nombre négatif, la courbe a la même forme, mais elle est autrement placée. Dans ce cas, lorsque x s'élève de $-\infty$ à 0, puis de 0 à $+\infty$, la fonction $y = \frac{K}{x}$ augmente de 0 à $+\infty$, passe de $+\infty$ à $-\infty$, puis croît de $-\infty$ à 0. Quand les variables x et y sont liées par la relation $y = \frac{K}{x}$ ou $xy = K$, on dit que y est inversement proportionnel à x.

Les courbes dont l'équation est de la forme $xy = K$, en désignant par K une constante numérique, s'appellent des *hyperboles équilatères*.

11. **Exemples économiques basés sur la fonction** $\frac{K}{x}$

(hyperbole). — En 1730, DANIEL BERNOUILLI a émis cette hypothèse que le *degré d'utilité* d'une partie définie du revenu variait en proportion inverse du *revenu total*, ou, en d'autres termes, que le même pourcentage de leur revenu apporte à tous les individus, quels qu'ils soient, la même satisfaction [1 et 2]. En somme, la personne qui a un capital de 1 000 ressentira la perte de 1 avec autant ou aussi peu d'intensité que la personne ayant un capital de 10 000 ressentira la perte de 10 ou que la personne ayant un capital de 50 000 ressentira la perte de 50. Il en résulte que l'utilité totale K d'un capital ne varie pas, quel que soit ce capital. L'utilité totale K est donc une *constante*. Or cette utilité totale du capital n'est autre que le produit du montant du capital par le degré d'utilité de ce montant. Si l'on représente par x le montant du capital et par $f(x)$ ou y le degré d'utilité, fonction de ce montant, on peut poser

$$K = xy$$

ou

$$y = \frac{K}{x}.$$

La courbe représentative des valeurs de y en fonction des valeurs de x est donc, d'après le numéro précédent, une *hyperbole équilatère*.

M. CUNYNGHAME donne, de son côté, un exemple où la courbe de l'offre a la forme de l'hyperbole équilatère

---

1. Voir COHEN STUART, *op. cit.*, p. 129 et *passim*, — ALFRED MARSHALL, *Principes d'économie politique*, vol. I, traduction française de M. SAUVAIRE-JOURDAN, Paris, 1907, pp. 278-279, — et LOUIS SURET, *Théorie de l'impôt progressif*, Paris, 1910, pp. 375 *sq.*

2. Nous ne tenons pas compte ici du *minimum d'existence*, bien que DANIEL BERNOUILLI s'en soit préoccupé.

(fig. 10). Il s'agit des concerts et des analogues spectacles[1]. Si l'on a dépensé £ 200 en location de salle, en éclairage, en orchestre, etc., et si l'on vend 100 billets au prix coûtant, ceux-ci seront payés £ 2 chacun; s'il y a 200 billets, ils coûteront £ 1; et, en réalité, le prix coûtant d'un billet y sera toujours £ 200 divisé par le nombre des billets x. On aura donc :

$$y = \frac{\mathrm{K}}{x}.$$

On peut dire de même que le produit du nombre des billets x par le prix coûtant y de chaque billet est une constante, puisque

$$\mathrm{K} = xy.$$

La courbe de l'offre sera donc une hyperbole équilatère. L'abscisse, qui représente le nombre des billets, multipliée par l'ordonnée ou coût de production de chaque billet, donnera toujours un produit égal à £ 200. L'examen de la figure 10 montre que la courbe présente toujours ce caractère; partout l'on a :

$$xy = 200.$$

12. Exemple d'hyperbole tiré de la théorie de l'impôt. — M. Libelli explique avec clarté comment la courbe des taux d'une capitation fixe est une hyperbole équilatère[2].

Étant donné une capitation fixe, le montant de l'impôt i

1. H. Cunynghame. *A geometrical political economy being an elementary treatise on the method of explaining some of the theories of pure economic science by means of diagrams*, Oxford, 1904, pp. 56-57.

2. Mario Marsili Libelli. *Per l'imposta progressiva*, Florence, 1903, pp. 6-7.

reste le même, quel que soit le revenu r du contribuable. Or le taux de l'impôt a est le rapport du montant de l'impôt au revenu du contribuable. Nous pouvons donc poser

$$a = \frac{i}{r}, \qquad (1)$$

a étant une *constante*, i et r étant *variables*.

La formule (1) nous montre que si r double, a diminue de moitié, et réciproquement. Nous pouvons en déduire que le taux a est *inversement proportionnel* au montant r du revenu. Lorsqu'à un revenu OR correspond un taux OA, au revenu double OR' correspondra un taux deux fois moindre OA', au revenu triple OR'' correspondra un taux trois fois moindre OA'', au revenu quadruple OR''' correspondra un taux quatre fois moindre OA''', etc.

Nous avons bien ainsi une hyperbole équilatère M M' M'' M''' dont les asymptotes sont OX et OY (fig. 11); pour un revenu *excessivement petit*, le taux est *excessivement élevé*, et le rapport $\frac{i}{r}$ est *très petit* quand le revenu r est *très considérable*.

Soit, en effet, une capitation fixe de 5 francs payable par tous les contribuables, quels que soient leurs revenus. Nous pouvons établir le tableau suivant, qui corrobore ce que nous venons de dire :

Montant de l'impôt.	Revenu.	Taux.
5 francs	10 francs.	50 p. 100.
5 —	100 —	5 —
5 —	1 000 —	0,5 —
5 —	10 000 —	0,05 —
5 —	100 000 —	0,005 —
5 —	1 000 000 —	0,0005 —

On démontre de même que la courbe des taux d'un *impôt proportionnel avec exemption d'un minimum d'existence* est une hyperbole [1], et que la courbe des taux d'un *impôt progressif par tranches* (cas des droits de succession existant actuellement en France) est une séquence de fragments d'hyperboles [2].

1. LIBELLI, *op. cit.*, pp. 18-20.
2. *Ibid.*, pp. 30 33.

CHAPITRE III

CALCUL DIFFÉRENTIEL

1. Objet du calcul différentiel. — Le calcul différentiel a pour objet de calculer les *dérivées* et les *différentielles* des fonctions. Mais, avant d'approfondir l'étude de ces questions, il convient d'indiquer par un exemple l'intérêt qu'elles offrent pour les *économistes*. Ce que l'on entend par dérivée, l'exemple suivant va, en effet, le faire comprendre immédiatement.

2. Les dérivées en économie pure. Exemple de l'ophélimité élémentaire. — Pour M. PARETO, « *l'ophélimité*, pour un individu, d'une certaine quantité d'une chose, ajoutée à une autre quantité déterminée (qui peut être égale à zéro) de cette chose déjà possédée par lui, est le plaisir que lui procure cette chose[1] ».

Cela étant posé, on voit que *l'ophélimité* est *fonction de la quantité consommée* : l'ophélimité de la première portion de la chose consommée n'est pas la même que l'ophélimité de la seconde portion, et ainsi de suite. On sait, en effet, que le plaisir procuré par les premières portions d'une marchandise a, en principe, plus d'intensité que le plaisir dû aux portions suivantes.

1. VILFREDO PARETO, *Manuel*, pp. 158-159.

Supposons que la quantité d'une chose consommée croisse par portions très petites : à un accroissement très petit de la quantité consommée correspondra une variation très petite de l'ophélimité. Soit q la quantité consommée, Δq son accroissement, ω l'ophélimité correspondant à q et $\Delta \omega$ la variation de l'ophélimité correspondant à l'accroissement Δq.

Dans le rapport $\dfrac{\Delta \omega}{\Delta q}$, Δq étant supposé de plus en plus petit, $\Delta \omega$ diminuera de plus en plus, puisque moins la quantité consommée varie, moins l'ophélimité varie; le rapport $\dfrac{\Delta \omega}{\Delta q}$ pourra ainsi tendre vers une limite déterminée. M. PARETO appelle *ophélimité élémentaire* la limite $\dfrac{\Delta \omega}{\Delta q}$ pour Δq tendant vers zéro.

Si l'on se souvient que ω est fonction de q, que l'on peut écrire .

$$\omega = f(q),$$

on voit que la détermination de l'ophélimité élémentaire est un cas particulier du problème suivant : étant donné la fonction $f(x)$ de la variable indépendante x, déterminer la limite du rapport de l'accroissement de la fonction à l'accroissement de la variable, quand ce dernier accroissement tend vers zéro.

3. Définition et terminologie de la dérivée. — Eh bien, cette limite du rapport de l'accroissement de la fonction à l'accroissement de la variable, quand ce dernier accroissement tend vers zéro, s'appelle précisément la dérivée de la fonction par rapport à la variable ou, plus simplement, la *dérivée*. La dérivée porte aussi les noms de *quotient différentiel* et de *coefficient différentiel*.

4. Emploi des dérivées dans les problèmes relatifs à la chute des corps. — L'exemple très approprié de la chute des corps, employé d'ailleurs par M. Fisher[1], va nous faire comprendre d'une façon encore plus précise ce qu'est une dérivée.

L'expérience nous apprend que le nombre s de pieds parcourus par un corps qui tombe est égal à 16 fois le carré du nombre t de secondes écoulées depuis le commencement de la chute. Ceci s'exprime par la formule :

$$s = 16t^2. \qquad (1)$$

Prenons le corps au bout d'un certain nombre de secondes, t par exemple. Supposons que nous attendions que cette durée se soit accrue, très légèrement, de Δt; pendant cette courte durée supplémentaire, l'espace parcouru augmente, très faiblement, de Δs. La formule (1), étant vraie de toutes les valeurs de t, nous permet d'écrire

$$s + \Delta s = 16(t + \Delta t)^2$$

ou
$$s + \Delta s = 16t^2 + 32t \cdot \Delta t + 16(\Delta t)^2. \qquad (2)$$

Retranchons l'égalité (1) de l'égalité (2), membre à membre; nous aurons

$$\Delta s = 32t \cdot \Delta t + 16(\Delta t)^2.$$

Divisons par Δt les deux membres de cette équation. Cette opération nous donnera

$$\frac{\Delta s}{\Delta t} = 32t + 16\Delta t. \qquad (3)$$

1. Fisher, *op. cit.*, pp. 2 *sq.*

La formule (3) nous indique la vitesse moyenne pendant le court intervalle de temps Δt. Si Δt représente 1/2 seconde et t 5 secondes, la vitesse moyenne du corps pendant cette demi-seconde est donc égale à

$$(32 \times 5) + \left(16 \times \frac{1}{2}\right) = 168 \text{ pieds par seconde.}$$

Si Δt est égal à $\frac{1}{100^{e}}$ de seconde, la vitesse moyenne est égale à

$$(32 \times 5) + \left(16 \times \frac{1}{100}\right) = 160,1 \text{ pieds par seconde.}$$

Supposons Δt de plus en plus petit; nous obtenons alors la vitesse moyenne $\frac{\Delta s}{\Delta t}$ pour une durée de plus en plus courte suivant immédiatement la fin de la cinquième seconde. La limite vers laquelle tend $\frac{\Delta s}{\Delta t}$, lorsque Δt se rapproche de zéro, est la vitesse à l'instant même où la cinquième seconde s'achève.

Cette vitesse est exactement de 160 pieds par seconde. En effet, Δt approchant de 0, l'équation (3) peut s'écrire :

$$(32 \times 5) + (16 \times 0) = 160.$$

En général, pour exprimer la limite des deux membres de l'égalité (3) quand Δt se rapproche de zéro, on écrit

$$\lim \frac{\Delta s}{\Delta t} = 32 t. \qquad (4)$$

On peut observer que, si Δt tend vers zéro, Δs s'en rapproche également, puisqu'un corps ne peut parcourir une certaine distance en un temps nul. Mais il faut bien se garder de mettre la limite de $\frac{\Delta s}{\Delta t}$ sous la forme $\frac{0}{0}$, expression tout à fait *indéterminée*.

En effet, bien que *le rapport de ces limites* de Δs et de Δt soit *indéterminé, la limite du rapport* de Δs et de Δt peut être entièrement *déterminée*. C'est seulement de cette dernière conception, limite de $\frac{\Delta s}{\Delta t}$ ou $\lim \frac{\Delta s}{\Delta t}$, que nous avons à nous préoccuper.

Comme nous l'avons déjà dit, cette limite du rapport de deux quantités Δs et Δt qui tendent vers zéro se nomme la *dérivée* de s par rapport à t, parce que, de $s = 16t^2$, nous *dérivons* $\lim \frac{\Delta s}{\Delta t} = 32t$.

En réalité, nous pouvons appeler l'un ou l'autre membre de la relation (4) la dérivée de l'un ou l'autre membre de l'équation (1). Par exemple, $32t$ est la dérivée de $16t^2$.

8. **Notation symbolique des dérivées.** — Lorsqu'on écrit $y = f(x)$, nous savons que y représente la fonction d'une variable indépendante x. L'*accroissement* de la variable indépendante x se représente par Δx et l'*accroissement* de la variable dépendante y par Δy. La dérivée de y par rapport à x est donc

$$\lim \frac{\Delta y}{\Delta x},$$

lorsque Δx tend vers zéro.

La dérivée se représente également par d'autres symboles dont les plus usités sont les suivants :

$$y', \quad f'(x), \quad \lim \frac{f(x + \Delta x) - f(x)}{\Delta x}, \quad \frac{k}{h},$$

k et h désignant respectivement les accroissements-limites de la fonction et de la variable indépendante [1].

6. Dérivée de x par rapport à x et dérivée d'une constante. — De la définition d'une dérivée, il résulte :

1° que la dérivée de x par rapport à x est 1; si, en effet, $y = x$, $\frac{y}{x} = 1$, et il en est de même de tous leurs accroissements quels qu'ils soient;

2° que la dérivée d'une constante k est égale à 0; si, en effet, l'on a

$$y = 3x + k,$$

et que l'on donne à x un accroissement h, le facteur k, ou facteur constant, disparaît dans la soustraction.

$$3(x + h) + k - (3x + k).$$

Par conséquent, les expressions $3x$ et $3x + k$ ont la même dérivée. En d'autres termes, la dérivée de k est zéro.

7. Généralités sur les différentielles. — Il existe une façon de représenter les dérivées, autre que celles données dans le n° 5 de ce chapitre. Il s'agit de la notation au moyen des *différentielles*. Nous allons donc voir ce que l'on entend par différentielles.

On appelle *différentielle* d'une fonction $f(x)$, pour une valeur x et un accroissement h de la variable, le produit $hf'(x)$ obtenu en multipliant la dérivée de la fonction par l'accroissement de la variable indépendante. On représente la différentielle d'une fonction $f(x)$ par la notation

---

1. Voir même chapitre, n° 7, une autre façon de représenter les dérivées.

$df(x)$, de sorte que l'on a, pour une même valeur x et un accroissement déterminé h de la variable indépendante,

$$df(x) = hf'(x).$$

Et comme, d'après ce que nous avons dit dans le numéro précédent, on a, en particulier,

$$d(x) = h \times 1,$$

ou

$$d(x) = h,$$

puisque 1 est la dérivée de x par rapport à x; on est donc amené à écrire

$$df(x) = f'(x)dx,$$

ou encore

$$dy = f'(x)dx,$$

ou encore

$$\frac{dy}{dx} = f'(x).$$

Autrement dit, *la dérivée d'une fonction est égale au rapport de la différentielle de la fonction à la différentielle de la variable.*

8. **Représentation géométrique des dérivées.** — Pour bien se rendre compte de ce qu'est une dérivée, il faut voir en quoi consiste la *direction tangentielle* d'une courbe à un point donné. Le calcul infinitésimal nous permet de savoir, de la façon la plus générale, ce qu'est une tangente par rapport à une courbe. Mais il faut remarquer, à ce sujet, que la définition nouvelle de la tangente à un cercle ne s'applique pas à toutes les courbes quelles qu'elles soient. Une ligne droite peut n'avoir qu'un point commun avec une courbe, et cependant couper cette courbe : elle ne lui est donc pas tangente.

Pour prendre l'exemple donné par M. FISHER[1], soit RS (fig. 12) une courbe dont l'équation est :

$$y = 1 + 5 x - x^2 \qquad (1)$$

Cela veut dire que, pour un point quelconque P situé sur la courbe RS, le rapport de l'ordonnée y (ou distance PA de ce point à l'axe des x) à l'abcisse x (ou distance OA du point P à l'axe des y) s'exprime par la relation (1). PA est fonction de OA, c'est-à-dire que la hauteur PA d'un point quelconque P de la courbe dépend de sa distance OA à l'axe des y.

Quelle est la *direction* de la courbe au point P? La direction du point P à un autre point de la courbe, P' par exemple, est la direction de la sécante Q'PP'. Le point P' a pour abscisse $x + \Delta x$ et pour ordonnée $y + \Delta y$. Puisque l'équation (1) est vraie de tous les points de la courbe, elle est vraie, en particulier, de P'. On peut donc poser :

$$y + \Delta y = 1 + 5(x + \Delta x) - (x + \Delta x)^2,$$

ou $\quad y + \Delta y = 1 + 5x + 5\Delta x - x^2 - 2x\Delta x - (\Delta x)^2. \quad (2)$

Retranchons, membre à membre, l'équation (1) de l'équation (2). Nous aurons :

$$\Delta y = 5\Delta x - 2x\Delta x - (\Delta x)^2,$$

d'où $\qquad \dfrac{\Delta y}{\Delta x} = 5 - 2x - \Delta x.$

Arrêtons-nous un moment sur ce résultat; $\dfrac{\Delta y}{\Delta x}$ ou $\dfrac{\text{P'C}}{\text{PC}}$ est la *pente* de la ligne Q'PP'; c'est le taux auquel un

---

1. FISHER, *op. cit.*, pp. 7 *sq.*

point allant de Q' à P' s'élève par rapport à son progrès horizontal.

Mais, jusqu'ici, nous ignorons quelle est la *tangente* en P. Rapprochons donc graduellement P' de P, en suivant la direction SR et sans quitter la courbe, jusqu'à ce que ces deux points coïncident. La sécante Q'P' changera peu à peu de direction et se rapprochera d'une direction limite QP. C'est cette position limite que nous appellerons la *tangente*. Du n° 4 de ce chapitre (exemple physique), il résulte que sa pente est donnée par l'équation :

$$\frac{dy}{dx} = 8 - 2x. \tag{3}$$

Bref, si x (OA) est égal à 2, $\frac{dy}{dx}$ sera égal à $8 - (2 \times 2)$ ou $8 - 4$, c'est-à-dire à 1. Dans ce cas, QP est incliné à 45° sur la ligne des x. Si x est égal à 4, $\frac{dy}{dx}$ sera égal à $8 - (2 \times 4)$ ou $8 - 8$, c'est-à-dire à -3. Ce chiffre négatif signifie que, lorsque x est égal à 4, la courbe baisse, tandis qu'elle monte pour $x = 2$.

Pour construire une tangente en P, nous n'avons qu'à mener par P une droite ayant la pente requise. Par exemple, si nous désirons obtenir la tangente au point dont l'abscisse est 1, nous trouvons, d'après l'égalité (3), que sa pente est 3. Nous traçons une ligne horizontale LM représentant dx et, à son extrémité, nous élevons une verticale MN, égale à 3 fois LM, c'est-à-dire à dy. Joignons L et N. LN aura la pente requise. Pour avoir la tangente, il ne nous reste qu'à mener par P une parallèle à MN.

9. Utilisation des dérivées en économie politique. —

Cette conception d'un rapport ultime $\frac{dy}{dx}$ explique la notion de vitesse en mécanique et de pente tangentielle en géométrie. Elle a des applications nombreuses en économie politique : utilité marginale, coût marginal, élasticité de la demande, etc.

Voici, d'ailleurs, comment les économistes peuvent se servir de la représentation géométrique des dérivées : MM. AUSPITZ et LIEBEN, par exemple, représentent l'*utilité totale* d'une chose par l'ordonnée et l'*utilité marginale* par la pente de leurs courbes[1]. Nous verrons plus loin que ce mode de figuration n'a pas été adopté par tous les auteurs[2].

Donnons maintenant un graphique de M. WICKSTEED[3] où se trouvent indiquées une courbe de fonctions et la courbe des dérivées qui y correspondent (fig. 13).

Supposons, par exemple, que la courbe M représente la relation existant entre la quantité de charbon que je brûle et la somme des avantages que j'en retire[4]; supposons, en outre, qu'une unité le long de l'axe des x signifie une tonne de charbon par mois. La courbe M nous indiquera : $f(0) = 0$, c'est-à-dire que si je ne brûle pas de charbon, je n'en tire aucun bénéfice; $f(1) = 112$, c'est-à-dire que j'ai une satisfaction de 112 si je consomme

1. AUSPITZ und LIEBEN, *Untersuchungen über die Theorie des Preises.* Leipzig, 1889.
2. Voir chapitre IV, n° 8.
3. WICKSTEED, *op. cit.*, pp. 30-41.
4. M. WICKSTEED fait d'ailleurs remarquer qu'il est extrêmement improbable que cette courbe coïncide avec la réalité (Voir *op. cit.*, p. 40).

une tonne par mois; $f(2) = 192$, c'est-à-dire que, si j'emploie 2 tonnes par mois, j'ai un avantage plus grand, mais pas deux fois plus grand, que si j'en emploie une; $f(4) = 256$, d'autre part, indique pour moi le maximum de satisfaction que je peux retirer de l'usage du charbon; en effet, si j'étais, pour une raison quelconque, obligé de brûler 5 tonnes de charbon, j'aurais moins de plaisir que si j'en brûlais 4; et si j'étais forcé d'en consommer 8, comme $f(8) = 0$, il me serait indifférent de ne rien brûler du tout. Enfin, s'il me fallait employer plus de 8 tonnes par mois, la chaleur serait telle et les inconvénients si graves que je préférerais ne pas me chauffer; $f(x)$, si $x > 8$, sera donc négatif, comme l'indique la courbe M prolongée.

Des chiffres qui précèdent, il résulte que la courbe M correspond à l'équation $y = f(x) = 128\,x - 16\,x^2$, qui a pour dérivée $f'(x) = 128 - 32\,x$.

Si, maintenant, nous construisons la courbe N, qui donne les dérivées $f'(x)$ correspondant aux fonctions $f(x)$ de la courbe M, $f'(x)$ signifie le taux d'accroissement de $f(x)$ ou rapport de l'accroissement de $f(x)$ à l'accroissement de x en un point donné, c'est-à-dire le taux suivant lequel une offre additionnelle de charbon augmente mon confort, ou l'efficacité marginale du charbon comme facteur de mon confort. Cette efficacité marginale varie naturellement avec le montant de charbon que j'ai déjà à ma disposition, ce qui signifie que $f'(x)$ a des valeurs différentes à mesure que x varie. Quand je n'ai pas de charbon, l'efficacité marginale est très élevée : les accroissements ajouteront à mon confort suivant un taux très élevé [$f'(0) = 128$]. Si j'ai déjà une tonne par mois, les augmentations ultérieures ajouteront à mon confort suivant un taux moins rapide, car $f'(1) = 96$; quand j'aurai 4 tonnes par mois, tout nouvel accroissement ne constituera pour moi aucun avantage, car $f'(4) = 0$. Enfin, dès que j'ai plus de 4 tonnes, les augmentations de charbon n'ont d'autre résultat que de diminuer mon confort; on a, en effet, $f'(5) = -32$, $f''(8) = -128$, etc., etc.

Résumons-nous : la courbe M ou $f(x)$ donne l'*utilité totale* de x tonnes de charbon par mois, tandis que la courbe N ou $f'(x)$ nous donne l'*utilité marginale* du charbon quand on emploie x tonnes par mois.

Une fois de plus, nous constatons que l'utilité marginale est la *dérivée* de l'utilité totale.

10. Représentation géométrique des différentielles. — Considérons deux axes rectangulaires OX et OY, et la courbe qui, rapportée à ces axes, a pour équation $y = f(x)$ (fig. 14).

Donnons à la variable les deux valeurs x et $x + \Delta x$; soit OP et OP', d'une part, PM et P'M', d'autre part, les abscisses et les ordonnées correspondantes. Menons par M une parallèle à l'axe des x, puis la tangente à la courbe au point M. Soient N et T les points où ces droites rencontrent l'ordonnée P'M'.

L'*accroissement* Δy de la fonction correspondant à l'accroissement Δx de la variable est représenté par M'N et la *différentielle dy* par TN.

De tout ce qui précède, il résulte que si $\Delta x = dx$, il ne faut pas dire, de même, que Δy est égal à dy. Δy, c'est l'*accroissement total* de la fonction et dy (différentielle de la fonction) n'est que la *partie principale de cet accroissement total.*

11. Dérivée de la fonction x^n. — Il serait intéressant, maintenant, de rechercher en quoi consiste exactement la différence entre Δy et dy; mais, auparavant, il est nécessaire de donner quelques explications et, tout d'abord, de savoir quelle est la dérivée de la fonction

$$y = x^n, \tag{1}$$

n étant un nombre entier, positif et constant.

Voici comment l'on peut obtenir la dérivée $\dfrac{dy}{dx}$ pour une puissance quelconque n de x.

Admettons que x reçoive un accroissement Δx, ce qui a pour conséquence un accroissement Δy de y. En appliquant la formule du binôme de NEWTON [1], nous pouvons poser

$$\begin{aligned}
y + \Delta y &= (x + \Delta x)^n \\
&= x^n + nx^{n-1}\Delta x + \frac{n(n-1)}{2}x^{n-2}(\Delta x)^2 + \ldots + (\Delta x)^n \\
&= x^n + nx^{n-1}\Delta x + (\Delta x)^2\left[\ldots\right]. \tag{2}
\end{aligned}$$

Si nous retranchons membre à membre l'égalité (1) de l'égalité (2), nous avons :

$$\Delta y = nx^{n-1}\Delta x + \Delta x^2\left(\ldots\right).$$

Divisons par Δx les deux membres de cette équation : nous aurons

$$\frac{\Delta y}{\Delta x} = nx^{n-1} + \Delta x\left(\ldots\right). \tag{3}$$

1. Voir chapitre I, n° 12.

Ce qui se trouve dans la parenthèse (.....) est évidemment une quantité finie, qui reste finie après que Δx est devenu nul. Donc, quand Δx devient nul, le terme Δx (.....) s'annule, et l'équation (3) devient :

$$\frac{dy}{dx} = nx^{n-1}.$$

Cette formule, très importante, permet d'obtenir la dérivée de la puissance d'une fonction. Cette dérivée s'obtient donc en multipliant la fonction par l'exposant de x et en diminuant l'exposant d'une unité.

Soit, par exemple, la fonction $y = x^4$. Conformément à ce que nous venons de dire,

$$\frac{dy}{dx} = 4x^3.$$

Pour une valeur de x égale à 2, $\frac{dy}{dx}$ est donc égal à 4×2^3, c'est-à-dire à 4×8, c'est-à-dire à 32.

De même la fonction $y = 3x^3$ a pour dérivée $9x^2$. Pour une valeur de $x = 3$, la dérivée est égale à 81.

12. Dérivées successives. — De même qu'une fonction y admet une dérivée y', de même cette dérivée y' admet à son tour une dérivée y''; y'' s'appelle la *seconde dérivée* de la fonction y. Et ainsi de suite.

Par exemple, dans la fonction $y = x^n$, y', la première dérivée, est nx^{n-1}, y'', la seconde dérivée, est $n(n-1)x^{n-2}$, etc., etc.

Si

$$y = 3x^4,$$
$$y' = 12x^3,$$
$$y'' = 36x^2,$$
$$y''' = 72x,$$
$$y'''' = 72.$$

$3x^4$ a donc 4 dérivées successives, $12x^3$, $36x^2$, $72x$ et 72. On démontre, d'ailleurs, qu'un polynôme du degré m a m dérivées successives. Le polynôme

$$3x^4 + 4x^3 + 5x^2 + 7x + 6$$

a donc quatre dérivées successives.

De même que les dérivées successives sont désignées par la notation y', y'', y''',..... $y^{(m)}$, de même on peut employer les symboles $f'(x)$, $f''(x)$, $f'''(x)$, ... $f^{(m)}(x)$ ou les symboles $\dfrac{dy}{dx}$, $\dfrac{d^2y}{dx^2}$, $\dfrac{d^3y}{dx^3}$,..... $\dfrac{d^m y}{dx^m}$. En ce qui concerne ces derniers symboles, $\dfrac{d^2y}{dx^2}$ est égal à $\dfrac{d\left(\dfrac{dy}{dx}\right)}{dx}$,

$\dfrac{d^3y}{dx^3}$ est égal à $\dfrac{d\left[\dfrac{d\left(\dfrac{dy}{dx}\right)}{dx}\right]}{dx}$, etc.

13. Emploi des secondes dérivées dans les problèmes relatifs à la chute des corps. — De même que la *première dérivée* sert à résoudre les questions de *vitesse*, de même la *seconde dérivée* permet d'expliquer les questions d'*accélération*.

Nous rappelons la formule, donnée plus haut [1], de la chute des corps ($s = 16t^2$), qui nous permettait de poser

$$\frac{ds}{dt} = 32t. \tag{1}$$

La dérivée seconde est

$$\frac{d^2s}{dt^2} = 32. \tag{2}$$

1. Voir même chapitre, n° 4.

Ce résultat, conforme aux explications données dans le n° précédent, est encore plus aisé à comprendre si, dans la relation (1), nous remplaçons $\frac{ds}{dt}$ par v. Nous avons alors

$$v = 32t$$

et
$$\frac{dv}{dt} = 32.$$

Mais $\frac{dv}{dt}$ n'est autre que $\frac{d^2s}{dt^2}$ puisque ces symboles sont tous deux des abréviations de $\dfrac{d\left(\frac{ds}{dt}\right)}{dt}$.

Que signifie l'équation (1)? Tout simplement le taux suivant lequel s'accroît la vitesse du corps. Il est clair que les corps en mouvement gagnent ou perdent de la vitesse et que certains en gagnent ou en perdent plus rapidement que d'autres.

L'accroissement ou la diminution de la vitesse n'a rien de commun avec la vitesse suivant laquelle le corps se meut. Un corps qui se meut *lentement* peut *accroître très vite* sa rapidité, et un corps qui se meut *très vite* peut *ne pas accroître du tout* sa rapidité ou même *perdre de sa vitesse*.

Si nous employons le terme *vélo* pour indiquer l'unité de vitesse, un pied par seconde par exemple, la relation (1) nous apprend que le corps dont la chute a duré 2 secondes a, au bout de cette période, une vitesse de 64 vélos, et qu'au bout de 5 secondes, la vitesse est de 160 vélos. Il y a donc un accroissement de 96 vélos en 3 secondes, soit, en moyenne, 32 vélos par seconde.

Cela ne signifie pas que l'accroissement de la vitesse a toujours eu lieu au taux de 32 vélos par seconde. Mais l'équation (2) nous montre que tel est bien le cas. Un corps tombant sur la terre accroît constamment sa vitesse de 32 vélos par seconde.

C'est le taux de cet accroissement de la vitesse que l'on appelle *accélération*. L'accélération, dans le cas envisagé ici, est donc uniforme ; elle est représentée par une constante.

14. Différence entre l'accroissement d'une fonction et la différentielle de cette fonction. — Nous avons vu que l'accroissement Δy d'une fonction y et la différentielle dy de cette fonction n'étaient pas égaux : dy, en effet, n'est que la partie principale de l'accroissement total Δy [1].

Voyons maintenant en quoi consiste exactement la différence existant entre Δy et dy.

On démontre [2], en s'appuyant sur le binôme de NEWTON, que

$$f(x + \Delta x) - f(x) = f'(x)\Delta x + f''(x)\frac{(\Delta x)^2}{1.2} + \ldots + f^{(m)}(x)\frac{(\Delta x)^m}{1.2\ldots m}.$$

Or
$$f(x + \Delta x) - f(x) = \Delta y$$
et
$$f'(x)\Delta x = dy.$$

La différence que nous cherchions entre Δy et dy, c'est-à-dire entre l'accroissement d'une fonction et sa différentielle, est donc égale à

$$f''(x)\frac{(\Delta x)^2}{1.2} + \ldots + f^{(m)}(x)\frac{(\Delta x)^m}{1.2\ldots m}.$$

---

1. Voir même chapitre, n° 10.
2. Cette démonstration est trop longue pour que nous la reproduisions ici.

Tous ces infiniment petits du second ordre et des ordres plus élevés sont négligés pour le calcul de la différentielle.

Un exemple numérique va nous aider à comprendre leur peu d'importance.

Si $\quad \Delta x \quad$ est égal à $\quad \dfrac{1}{1\,000}$,

$\quad (\Delta x)^2$ sera égal à $\quad \dfrac{1}{1\,000\,000}$,

$\quad (\Delta x)^3$ sera égal à $\quad \dfrac{1}{1\,000\,000\,000}$, etc., etc.

Soit, par exemple, l'équation
$$\Delta y = (5 + 10x + 20x^2)\Delta x + (5 + 10x)(\Delta x)^2 + 5(\Delta x)^3;$$
si nous prenons Δx suffisamment petit, pour n'importe quelle valeur de x, nous pourrons faire abstraction des termes où une puissance quelconque de Δx est en facteur.

Prenons par exemple $x = 1$; nous aurons
$$\Delta y = (5 + 10 + 20)\Delta x + (5 + 10)(\Delta x)^2 + 5(\Delta x)^3$$
$$= 35\Delta x + 15(\Delta x)^2 + 5(\Delta x)^3.$$

Si $\qquad\qquad \Delta x = \dfrac{1}{1\,000}$,

on aura :
$$\Delta y = 0.035 + 0.000\,015 + 0.000\,000\,005.$$

A *fortiori*, les puissances de Δx seront négligeables si $\Delta x = \dfrac{1}{10\,000}$ ou $\dfrac{1}{100\,000}$, etc.

On peut donc négliger les termes impliquant
$$(\Delta x)^2, \quad (\Delta x)^3, \quad \text{etc.}$$

15. **Procédé général de dérivation et de différentiation.**

— Pour résumer en quelques mots ce que nous avons déjà dit des dérivées et des différentielles, nous pouvons dire que l'on obtient la dérivée et la différentielle d'une fonction en procédant de la façon suivante :

1° On donne à la variable indépendante un léger accroissement Δx, ce qui provoque une faible variation Δy (augmentation ou diminution) de la variable dépendante ou fonction.

2° On écrit le rapport entre les deux variables, d'abord avant cet accroissement, et ensuite en en tenant compte; puis on soustrait le premier rapport du second.

3° On divise le résultat ainsi obtenu par l'augmentation de la variable indépendante.

4° On passe de $\frac{\Delta y}{\Delta x}$ à $\frac{dy}{dx}$, c'est-à-dire que l'on recherche la limite du rapport de l'accroissement de la fonction à l'accroissement [1] de la variable indépendante, lorsque ce dernier accroissement tend vers zéro. Ceci nous donne la *dérivée*.

5° Une fois la dérivée obtenue, on passe à la différentielle dy en multipliant cette dérivée par dx.

16. **Classement des fonctions.** — Il y a un nombre illimité de fonctions, puisque le nombre des questions qui peuvent leur donner naissance est lui-même illimité. Si toutefois on partage les fonctions en *fonctions simples* et *fonctions complexes*, on trouve que le nombre des premières est très restreint.

---

1. Ici et par la suite, nous employons le mot *accroissement* dans son sens *absolu*, c'est-à-dire dans le sens d'accroissement *positif* ou *négatif*.

Les *fonctions simples* correspondent à toutes les opérations de calcul qui nous sont aujourd'hui connues. Elles sont au nombre de dix et se partagent en cinq groupes, comme l'indique le tableau suivant. Chaque groupe contient une opération *directe* et son *inverse*. Nous désignerons par x la variable indépendante, par y la fonction et par K une constante quelconque.

$$
\begin{array}{lll}
1° & \left\{\begin{array}{l} \text{Somme.} \dots \dots \dots \dots \\ \text{Différence} \dots \dots \dots \dots \end{array}\right. & \begin{array}{l} y = K + x. \\ y = K - x. \end{array} \\
2° & \left\{\begin{array}{l} \text{Produit} \dots \dots \dots \dots \\ \text{Rapport} \dots \dots \dots \dots \end{array}\right. & \begin{array}{l} y = Kx. \\ y = \dfrac{K}{x}. \end{array} \\
3° & \left\{\begin{array}{l} \text{Puissance} \dots \dots \dots \dots \\ \text{Racine.} \dots \dots \dots \dots \end{array}\right. & \begin{array}{l} y = x^K. \\ y = \sqrt[K]{x}. \end{array} \\
4° & \left\{\begin{array}{l} \text{Fonction exponentielle.} \dots \\ \text{Fonction logarithmique.} \dots \end{array}\right. & \begin{array}{l} y = K^x. \\ y = \log x. \end{array} \\
5° & \left\{\begin{array}{l} \text{Fonction circulaire directe.} \dots \\ \text{Fonction circulaire inverse.} \dots \end{array}\right. & \begin{array}{l} y = \sin x. \\ y = \arcsin x. \end{array}
\end{array}
$$

Les six premières fonctions portent le nom de *fonctions algébriques* et les quatre dernières le nom de *fonctions transcendantes*.

Les *fonctions complexes* sont de deux espèces. Il y a, tout d'abord, les *fonctions composées* proprement dites. On les obtient en remplaçant, dans les expressions ci-dessus, les lettres K et x à la fois, soit par de nouvelles fonctions simples, soit par des fonctions de fonctions toujours finalement dépendantes de x. Les fonctions

$$y = K \sin x + \log x$$

et
$$y = (a + bx)\left(\sqrt[K]{x - \arcsin x}\right)$$

sont des fonctions composées.

Les fonctions complexes comprennent, en outre, les

fonctions de fonction et les *fonctions de fonctions*, auxquelles nous venons de faire allusion. On les obtient en remplaçant, dans le tableau d'expressions donné plus haut, la seule lettre x par une nouvelle fonction simple dépendante de x. Si, par exemple, dans $y = Kx$, on remplace x par sin x, on a $y = K \sin x$, et l'on obtient une fonction où sont superposées les deux fonctions simples : *produit* et *sinus*. De même, si dans cette nouvelle fonction on remplace encore x par log x, on a

$$y = K \cdot \sin \log x;$$

on a alors une fonction de fonctions formée par la superposition de trois fonctions simples, *produit, sinus* et *logarithme*.

En effectuant les opérations indiquées, on peut souvent convertir une fonction de fonctions en fonction simple.

Ainsi :
$$(x^5)' = x^{20},$$
$$\log a^x = x \log a, \text{ etc.}$$

Nous allons maintenant voir comment l'on obtient les dérivées des fonctions simples et de certaines fonctions composées.

17. Dérivées des fonctions algébriques simples. — **Somme et différence. —** Admettons que l'on ait :

$$y = K + x. \qquad (1)$$

Si l'on donne à x l'accroissement Δx, y recevra un accroissement correspondant Δy. Comme la relation (1) est vraie de toutes les valeurs de x, on peut poser :

$$y + \Delta y = x + K + \Delta x. \qquad (2)$$

Retranchons l'équation (1) de l'équation (2). Il restera :

$$\Delta y = \Delta x$$

ou :
$$\frac{\Delta y}{\Delta x} = 1.$$

Quel que soit Δx, l'accroissement de la fonction est donc égal à l'accroissement de la variable ; Δx tend vers zéro, il en sera de même de Δy, mais le rapport $\frac{\Delta y}{\Delta x}$ sera toujours égal à 1. On a donc

$$\lim \frac{\Delta y}{\Delta x} = \frac{dy}{dx} = 1.$$

Bref, pour la fonction *somme*, la constante disparaît dans la dérivation.

Si l'on a : $\qquad\qquad y = K - x, \qquad\qquad\qquad (3)$

on peut également poser :

$$y + \Delta y = K - (x + \Delta x) = K - x - \Delta x \qquad (4)$$

Retranchons (3) de (4). Cela nous donne :

$$\Delta y = - \Delta x,$$

ou :
$$\frac{\Delta y}{\Delta x} = - 1.$$

L'accroissement de la fonction est donc constamment égal et de signe contraire à l'accroissement de la variable : la fonction diminue quand la variable augmente. On a, à la limite :

$$\lim \frac{\Delta y}{\Delta x} = \frac{dy}{dx} = - 1.$$

Pour la fonction *différence*, on le voit, comme pour la fonction *somme*, la constante disparaît dans la dérivation.

18. Dérivées des fonctions algébriques simples (*suite*). **— Produit et rapport. — 1° *Produit*. Soit :**

$$y = \mathrm{K}x. \tag{1}$$

En donnant à x un accroissement Δx, on a :

$$y + \Delta y = \mathrm{K}(x + \Delta x) = \mathrm{K}x + \mathrm{K}\Delta x. \tag{2}$$

Retranchons l'équation (1) de l'équation (2). Nous aurons :

$$\Delta y = \mathrm{K}\Delta x$$

et

$$\frac{\Delta y}{\Delta x} = \mathrm{K}.$$

Comme on le voit, l'accroissement de la fonction est constamment égal à l'accroissement de la variable, multiplié par K. Δx tendant vers zéro, il en est de même de Δy, mais leur rapport reste toujours égal à K ; de sorte qu'à la limite, on a :

$$\lim \frac{\Delta y}{\Delta x} = \frac{dy}{dx} = \mathrm{K}.$$

Ainsi, pour la fonction *produit*, la constante ne disparaît pas dans la dérivation.

2° *Rapport*. Soit :

$$y = \frac{\mathrm{K}}{x}. \tag{1}$$

On a de même : $y + \Delta y = \dfrac{\mathrm{K}}{x + \Delta x}.$ (2)

Retranchons l'égalité (1) de l'égalité (2). Cela donne :

$$\Delta y = \frac{\mathrm{K}}{x + \Delta x} - \frac{\mathrm{K}}{x} = \frac{-\,\mathrm{K}.\Delta x}{x(x + \Delta x)},$$

c'est-à-dire :

$$\frac{\Delta y}{\Delta x} = \frac{-\,\mathrm{K}}{x(x + \Delta x)}.$$

Si l'on fait converger Δx vers zéro, le premier membre deviendra lim $\frac{\Delta y}{\Delta x}$, ou $\frac{dy}{dx}$. Quant au second membre, il tend vers $\frac{-\mathrm{K}}{x^2}$. On a donc, à la limite,

$$\frac{dy}{dx} = \frac{-\mathrm{K}}{x^2}.$$

La dérivée est précédée du signe moins, parce que, pour la fonction *rapport* comme pour la fonction *différence*, la fonction diminue quand la variable augmente.

19. Dérivées des fonctions algébriques simples (*fin*). — Puissance et racine. — Nous avons vu plus haut[1] comment l'on obtenait la dérivée de la fonction x^n. Cette dérivée est donnée par la formule nx^{n-1}. Mais la démonstration que nous avons donnée ne s'appliquait qu'aux exposants entiers et positifs. Nous allons voir que la formule nx^{n-1} est également vraie des exposants fractionnaires positifs, c'est-à-dire des racines, et des exposants négatifs (entiers ou fractionnaires).

1. *Exposants fractionnaires positifs.* — Soit :

$$y = x^{\frac{m}{n}}.$$

Élevons à la puissance n les deux membres de cette égalité. Nous aurons :

$$y^n = x^m. \tag{1}$$

Si x reçoit un accroissement Δx, nous avons

$$(y + \Delta y)^n = (x + \Delta x)^m. \tag{2}$$

1. Voir même chapitre, n° 11.

Retranchons l'égalité (1) de l'égalité (2), nous aurons[1]

$$ny^{n-1}\Delta y+\frac{n(n-1)}{1.2}y^{n-2}(\Delta y)^2+\ldots=mx^{m-1}\Delta x+\frac{m(m-1)}{1.2}x^{m-2}(\Delta x)^2+\ldots$$

c'est-à-dire

$$\Delta y\left(ny^{n-1}+\frac{n(n-1)}{1.2}y^{n-2}\Delta y+\ldots\right)=\Delta x\left(mx^{m-1}+\frac{m(m-1)}{1.2}x^{m-2}\Delta x+\ldots\right)$$

d'où nous tirons, en divisant les deux membres de l'équation par Δx,

$$\frac{\Delta y}{\Delta x}\left(ny^{n-1}+\frac{n(n-1)}{1.2}y^{n-2}\Delta y+\ldots\right)=mx^{m-1}+\Delta x\left(\frac{m(m-1)}{1.2}x^{m-2}+\ldots\right).$$

A mesure que Δx tend vers zéro, il en est de même de Δy; de sorte que

$$\frac{\Delta y}{\Delta x}\left(ny^{n-1}+\frac{n(n-1)}{1.2}y^{n-2}\Delta y+\ldots\ldots\right)$$

tend vers $\frac{dy}{dx}ny^{n-1}$ et que le second membre tend vers mx^{m-1}. A la limite on aura donc

$$\frac{dy}{dx}ny^{n-1}=mx^{m-1}.$$

D'où
$$\frac{dy}{dx}=\frac{mx^{m-1}}{ny^{n-1}}. \tag{3}$$

Quelle est donc la valeur de y^{n-1}? Nous savons que

$$y=x^{\frac{m}{n}}.$$

Donc
$$y^{n-1}=x^{\frac{m}{n}(n-1)}=x^{m-\frac{m}{n}}.$$

[1]. Il y a là une application du binôme de NEWTON. Voir chapitre I, n° 12.

Remplaçons, dans l'égalité (3), y^{n-1} par sa valeur $x^{m-\frac{m}{n}}$. Nous aurons

$$\frac{dy}{dx} = \frac{mx^{m-1}}{nx^{m-\frac{m}{n}}} = \frac{m}{n}x^{m-1-\left(m-\frac{m}{n}\right)} = \frac{m}{n}x^{\frac{m}{n}-1}. \qquad (4)$$

Si m est égal à 1 et n égal à 2, nous aurons

$$y = x^{\frac{1}{2}} = \sqrt{x}$$

et en appliquant la formule (4)

$$\frac{dy}{dx} = \frac{1}{2}x^{\frac{1}{2}-1} = \frac{1}{2}x^{-\frac{1}{2}} = \frac{1}{2}\frac{1}{\sqrt{x}} = \frac{1}{\sqrt{x}}.$$

2. *Exposants négatifs.* — Soit

$$y = x^{-n} = \frac{1}{x^n}. \qquad (1)$$

Si l'on donne à x un accroissement Δx, l'on obtient

$$y + \Delta y = \frac{1}{(x+\Delta x)^n}. \qquad (2)$$

Retranchons l'égalité (1) de l'égalité (2). Cette opération

donne $\quad \Delta y = \dfrac{1}{(x+\Delta x)^n} - \dfrac{1}{x^n} = \dfrac{x^n - (x+\Delta x)^n}{x^n(x+\Delta x)^n}.$

L'application de la formule de NEWTON [1] et la division des deux membres de cette équation par Δx nous donnent

$$\frac{\Delta y}{\Delta x} = \frac{-nx^{n-1} - \Delta x\left(\dfrac{n(n-1)}{1.2}x^{n-2} + \ldots\ldots\right)}{x^n(x+\Delta x)^n}.$$

1. Voir chapitre I, n° 12

Si Δx tend vers zéro, le rapport $\dfrac{\Delta y}{\Delta x}$ tend vers la dérivée $\dfrac{dy}{dx}$ et le second membre de l'équation vers

$$\frac{-nx^{n-1}}{x^n \times x^n} = \frac{-nx^{n-1}}{x^{2n}}.$$

On peut donc écrire

$$\frac{dy}{dx} = \frac{-nx^{n-1}}{x^{2n}} = -nx^{n-1-2n} = -nx^{-n-1}. \qquad (3)$$

Si n est égal à 2, on a

$$y = x^{-2} = \frac{1}{x^2}$$

et, en appliquant la formule (3),

$$\frac{dy}{dx} = -2x^{-2-1} = -2x^{-3} = -\frac{2}{x^3}.$$

Bref, que l'exposant soit entier ou fractionnaire, positif ou négatif, *la dérivée d'une puissance s'obtient en diminuant l'exposant d'une unité et en multipliant le résultat ainsi obtenu par l'exposant de la puissance primitive.*

20. **Dérivées des fonctions transcendantes simples. — Fonction exponentielle.** — Soit, par exemple,

$$y = a^x, \qquad (1)$$

a étant une constante.

Si l'on accroît x de Δx, on a

$$y + \Delta y = a^{x+\Delta x}. \qquad (2)$$

Retranchons l'équation (1) de l'équation (2); il restera

$$\Delta y = a^{x+\Delta x} - a^x = a^x(a^{\Delta x} - 1).$$

Divisons par Δx les deux termes de cette égalité. Nous aurons

$$\frac{\Delta y}{\Delta x} = \frac{a^x(a^{\Delta x} - 1)}{\Delta x}.$$

Si Δx tend vers zéro comme limite, nous pouvons poser

$$\frac{dy}{dx} = \lim a^x \frac{(a^{\Delta x} - 1)}{\Delta x}. \qquad (3)$$

Appelons α l'expresssion $a^{\Delta x} - 1$; nous avons donc

$$a^{\Delta x} = 1 + \alpha$$

et

$$\Delta x \log a = \log(1 + \alpha)$$

et

$$\Delta x = \frac{\log(1 + \alpha)}{\log a}.$$

La relation (3) peut alors s'écrire

$$\frac{dy}{dx} = \lim a^x \frac{\alpha}{\dfrac{\log(1 + \alpha)}{\log a}} = \lim a^x \log a \frac{1}{\dfrac{\log(1 + \alpha)}{\alpha}}$$

$$= \lim a^x \log a \frac{1}{\dfrac{1}{\alpha}\log(1 + \alpha)} = \lim a^x \log a \frac{1}{\log\left[(1 + \alpha)^{\frac{1}{\alpha}}\right]}.$$

Or, comme nous avons vu plus haut [1],

$$\lim(1 + \alpha)^{\frac{1}{\alpha}} = e.$$

Nous pouvons donc poser

$$\frac{dy}{dx} = a^x \log a \frac{1}{\log e}. \qquad (4)$$

La dérivée de la fonction exponentielle a^x *est donc égale à cette fonction exponentielle* a *multipliée par le logarithme de la constante et divisée par le logarithme de* e.

1. Voir chapitre 1, n° 15.

Ce résultat est vrai, quel que soit le système de logarithmes employé. Si nous nous servons de logarithmes népériens [1], dont la base est e, comme le logarithme de e est 1, nous avons

$$\frac{dy}{dx} = a^x \, L\, a\, \frac{1}{1} = a^x \, L\, a. \qquad (5)$$

La dérivée de la fonction exponentielle a^x *est donc égale à cette fonction exponentielle* a^x *multipliée par le logarithme népérien de la constante* a.

Si nous examinons en particulier la fonction exponentielle e^x, nous pouvons poser, conformément à la formule (5) :

$$\frac{dy}{dx} = e^x L e.$$

Or, nous le savons [2], $L e = 1$.

Donc $$\frac{dy}{dx} = e^x.$$

La dérivée de la fonction e^x est donc cette fonction elle-même.

Enfin, en suivant le même raisonnement que celui qui mène aux formules (4) et (5), on peut démontrer que la dérivée de la fonction a^{mx}, où m est un facteur constant, est égale à $m a^{mx} L a$.

21. Dérivées des fonctions transcendantes simples (*suite*). — **Fonction logarithmique.** — Soit $y = \log x$. Si nous donnons à x un accroissement Δx, nous avons

$$y + \Delta y = \log(x + \Delta x)$$

1. Voir chapitre I, n° 17.
2. Voir chapitre I, n° 17.

ou $$\Delta y = \log(x + \Delta x) - y.$$

Or $y = \log x$. On peut donc poser

$$\Delta y = \log(x + \Delta x) - \log x = \log\left(\frac{x + \Delta x}{x}\right) = \log\left(1 + \frac{\Delta x}{x}\right).$$

Divisons par Δx les deux membres de cette équation. Cette opération nous donnera

$$\frac{\Delta y}{\Delta x} = \frac{1}{\Delta x}\log\left(1 + \frac{\Delta x}{x}\right). \tag{1}$$

x ayant une valeur déterminée, on peut remplacer $\frac{\Delta x}{x}$ par α, α étant une quantité qui converge vers zéro en même temps que Δx.

On aura alors $\Delta x = \alpha x$, et la relation (1) pourra s'écrire

$$\frac{\Delta y}{\Delta x} = \frac{1}{\alpha x}\log(1 + \alpha) = \frac{1}{x}\frac{1}{\alpha}\log(1 + \alpha) = \frac{1}{x}\log(1 + \alpha)^{\frac{1}{\alpha}}.$$

Δx tendant vers zéro, $\frac{\Delta y}{\Delta x}$ converge vers la dérivée $\frac{dy}{dx}$ de la fonction x; $\frac{1}{x}$ reste invariable et $(1 + \alpha)^{\frac{1}{\alpha}}$ tend vers la limite e [1]; comme la fonction $\log x$ est une fonction continue, $\log(1 + \alpha)^{\frac{1}{\alpha}}$ a pour limite $\log e$. La limite de $\frac{\Delta y}{\Delta x}$ ou la dérivée $\frac{dy}{dx}$ est donc donnée par la formule :

$$\frac{dy}{dx} = \frac{1}{x}\log_a e = \frac{\log_a e}{x}, \tag{2}$$

dans laquelle l'indice a représente la base du système

1. Voir chapitre I, n° 15.

logarithmique considéré. Le facteur $\log_a e$ est appelé le *module* de ce système[1]. Le module s'exprime d'ailleurs également sous la forme $\dfrac{1}{La}$.

D'après ce que nous venons de dire, la relation (2) peut s'écrire

$$\frac{dy}{dx} = \frac{M}{x},$$

M représentant le module du système choisi.

Si nous prenons les logarithmes dans le système népérien, c'est-à-dire si nous prenons e comme base, la formule (2) nous permet de poser

$$\frac{dy}{dx} = \frac{Le}{x}.$$

Mais
$$Le = 1.$$

D'où
$$\frac{dy}{dx} = \frac{1}{x}.$$

La dérivée de la fonction logarithmique log x *est donc égale à* $\dfrac{1}{x}$ *si les logarithmes sont pris dans le système népérien. Elle est de* $\dfrac{M}{x}$ *quand les logarithmes sont pris dans un système de module* M.

22. **Dérivées des fonctions transcendantes simples** (*suite*). — **Fonction circulaire directe.** — Soit $y = \sin x$.

Si l'on donne à x un accroissement Δx, on peut poser

$$y + \Delta y = \sin(x + \Delta x),$$

ce qui donne $\quad \Delta y = \sin(x + \Delta x) - y.$

---

1. Au sujet des modules, voir chapitre I, n° 16.

Mais, y étant égal à $\sin x$, cette égalité peut s'écrire

$$\Delta y = \sin(x + \Delta x) - \sin x.$$

Divisons par Δx les deux membres de cette équation; nous aurons

$$\frac{\Delta y}{\Delta x} = \frac{\sin(x + \Delta x) - \sin x}{\Delta x}. \qquad (1)$$

En appliquant la formule trigonométrique [1]

$$\sin(a + b) = \sin a \cos b + \cos a \sin b,$$

nous avons

$$\sin(x + \Delta x) = \sin x \cos \Delta x + \cos x \sin \Delta x.$$

Remplaçons $\sin(x + \Delta x)$ par son développement dans l'équation (1), nous aurons

$$\begin{aligned}
\frac{\Delta y}{\Delta x} &= \frac{\sin x \cos \Delta x + \cos x \sin \Delta x - \sin x}{\Delta x} \\
&= \frac{\cos x \sin \Delta x + \sin x \cos \Delta x - \sin x}{\Delta x} \\
&= \cos x . \frac{\sin \Delta x}{\Delta x} + \sin x . \frac{\cos \Delta x - 1}{\Delta x} \\
&= \cos x . \frac{\sin \Delta x}{\Delta x} - \sin x . \frac{1 - \cos \Delta x}{\Delta x}.
\end{aligned}$$

Si Δx tend vers zéro, nous pouvons poser

$$\frac{dy}{dx} = \lim \left(\cos x . \frac{\sin \Delta x}{\Delta x} - \sin x . \frac{1 - \cos \Delta x}{\Delta x} \right).$$

Or $\dfrac{\sin \Delta x}{\Delta x}$ tend vers 1 lorsque Δx tend vers zéro, et $\dfrac{1 - \cos \Delta x}{\Delta x}$ tend vers zéro lorsque Δx tend vers zéro. En conséquence,

1. Voir chapitre ı, n° 5.

$$\frac{dy}{dx} = \cos x \times 1 - \sin x \times 0 = \cos x.$$

La dérivée du sinus est donc le cosinus.

On démontre, soit par un raisonnement analogue, soit en considérant ces fonctions comme des fonctions de fonctions, que la fonction $\cos x$ a pour dérivée $- \sin x$, que la fonction $\operatorname{tg} x$ a pour dérivée $\dfrac{1}{\cos^2 x}$ et que la fonction $\cot x$ a pour dérivée $- \dfrac{1}{\sin^2 x}$.

23. Dérivées des fonctions transcendantes simples (*fin*). — **Fonction circulaire inverse.** — Soit $y = \arcsin x$, ce qu'il faut lire : y égale l'arc dont le sinus est x. A un même sinus correspond une infinité d'arcs· mais nous n'envisageons ici que l'arc positif et plus petit qu'un quadrant, qui a x pour sinus.

Si y est l'arc dont le sinus est x, on peut écrire :

$$x = \sin y.$$

Si l'on regarde alors x comme la fonction et y comme la variable, on a, d'après le n° précédent :

$$\frac{dx}{dy} = \cos y,$$

d'où :
$$\frac{dy}{dx} = \frac{1}{\cos y}. \tag{1}$$

Mais, en vertu de la formule [1] :

$$\cos^2 x + \sin^2 x = 1,$$

on a :
$$\cos^2 y + \sin^2 y = 1.$$

1. Voir chapitre I, n° 3.

D'où : $$\cos^2 y = 1 - \sin^2 y,$$

et : $$\cos y = \sqrt{1 - \sin^2 y}.$$

Mais : $$x = \sin y.$$

Donc : $$\cos y = \sqrt{1 - x^2}.$$

Remplaçons, dans la relation (1), $\cos y$ par sa valeur, nous aurons :

$$\frac{dy}{dx} = \frac{1}{\sqrt{1 - x^2}}.$$

On obtient de même la dérivée de la fonction arc $\cos x$, soit $-\dfrac{1}{\sqrt{1 - x^2}}$, la dérivée de la fonction arc $\operatorname{tg} x$, soit $\dfrac{1}{1 + x^2}$, et la dérivée de la fonction arc $\cot x$, soit $-\dfrac{1}{1 + x^2}$.

24. Dérivées des fonctions composées. — Dérivée d'une somme ou d'une différence. — Soit u, v, t, diverses fonctions continues de la variable indépendante x; admettons que l'on ait :

$$y = u + v - t. \qquad (1)$$

Si x subit un accroissement Δx, u, v, t et y subiront respectivement les accroissements Δu, Δv, Δt et Δy. Nous aurons donc :

$$y + \Delta y = (u + \Delta u) + (v + \Delta v) - (t + \Delta t). \qquad (2)$$

Retranchons, membre à membre, l'équation (1) de l'équation (2); cela donnera :

$$\Delta y = \Delta u + \Delta v - \Delta t.$$

Divisons par Δx les deux membres de cette égalité; nous aurons :

$$\frac{\Delta y}{\Delta x} = \frac{\Delta u}{\Delta x} + \frac{\Delta v}{\Delta x} - \frac{\Delta t}{\Delta x}.$$

Si Δx tend vers zéro, nous pourrons écrire :

$$\frac{dy}{dx} = \frac{du}{dx} + \frac{dv}{dx} - \frac{dt}{dx},$$

car la limite d'une somme est la somme de la limite de ses parties.

La dérivée de la somme (ou de la différence) de plusieurs fonctions de x est donc la somme (ou la différence) des dérivées de ces fonctions.

Ainsi la dérivée de $x^5 + 5x^3 - 6x$ sera égale à

$$5x^4 + 15x^2 - 6.$$

25. Dérivées des fonctions composées (*suite*). — Dérivée d'un produit. — Soit u et v deux fonctions de x et supposons que l'on ait :

$$y = uv. \qquad (1)$$

Si nous donnons à x un accroissement Δx, y, u et v augmenteront de Δy, Δu et Δv. On aura donc :

$$y + \Delta y = (u + \Delta u)(v + \Delta v) = uv + u\Delta v + v\Delta u + \Delta u\Delta v. \qquad (2)$$

Retranchons membre à membre l'égalité (1) de l'égalité (2) et divisons par Δx la nouvelle équation ainsi obtenue. Nous aurons :

$$\frac{\Delta y}{\Delta x} = u\,\frac{\Delta v}{\Delta x} + v\,\frac{\Delta u}{\Delta x} + \Delta v\,\frac{\Delta u}{\Delta x}. \qquad (3)$$

Quand Δx tend vers zéro, il en est de même des quantités Δu, Δv et Δy; les rapports $\frac{\Delta u}{\Delta x}$, $\frac{\Delta v}{\Delta x}$ et $\frac{\Delta y}{\Delta x}$ tendent simultanément vers $\frac{du}{dx}$, $\frac{dv}{dx}$ et $\frac{dy}{dx}$.

A la limite, le terme $\Delta v \dfrac{\Delta u}{\Delta x}$ devient $0 \times \dfrac{du}{dx}$, c'est-à-dire s'annule. L'égalité (3) devient donc :

$$\frac{dy}{dx} = u\frac{dv}{dx} + v\frac{du}{dx}. \tag{4}$$

La dérivée d'un produit de deux fonctions est donc égale à la somme des produits que l'on obtient en multipliant chaque fonction par la dérivée de l'autre.

Cette règle est générale; elle s'applique en effet au produit de plusieurs fonctions. Soit, par exemple,

$$y = uvt.$$

Considérons le produit uv comme un seul facteur.

Nous aurons $\qquad \dfrac{dy}{dx} = uv\dfrac{dt}{dx} + t\dfrac{duv}{dx}.$

Mais $\qquad \dfrac{duv}{dx} = u\dfrac{dv}{ax} + v\dfrac{du}{dx}.$

En substituant, nous aurons

$$\frac{dy}{dx} = uv\frac{dt}{dx} + ut\frac{dv}{dx} + tv\frac{du}{dx}.$$

La dérivée du produit d'un nombre quelconque de fonctions est donc égale à la somme des produits que l'on obtient en multipliant la dérivée de chaque fonction par le produit de toutes les autres fonctions.

Par exemple, la dérivée de

$$(x^2 + 1)(x + 1)(x - 1)$$

est égale à

$$2x(x+1)(x-1) + (x^2+1)(x-1) + (x^2+1)(x+1)$$
$$= 2x^3 - 2x + x^3 - x^2 + x - 1 + x^3 + x^2 + x + 1$$
$$= 4x^3.$$

Observons, en passant, que si une fonction de x est le produit d'une constante par une autre fonction de x, c'est-à-dire si l'on a

$$f(x) = K\varphi(x), \qquad\qquad (5)$$

on a
$$f'(x) = K\varphi'(x), \qquad\qquad (6)$$

c'est-à-dire que *la dérivée du produit d'une constante par une fonction est le produit de la constante par la dérivée de la fonction.*

En effet, quand x devient $x + \Delta x$, l'équation (5) devient

$$f(x + \Delta x) = K\varphi(x + \Delta x). \qquad\qquad (7)$$

Retranchons l'égalité (5) de l'égalité (6). Il restera

$$f(x + \Delta x) - f(x) = K\varphi(x + \Delta x) - K\varphi(x).$$

Divisons cette relation par Δx. Nous aurons

$$\frac{f(x + \Delta x) - f(x)}{\Delta x} = \frac{K\varphi(x + \Delta x) - K\varphi(x)}{\Delta x}$$

$$= K\frac{\varphi(x + \Delta x) - \varphi(x)}{\Delta x};$$

ou, à la limite, $\qquad f'(x) = K\varphi'(x).$

26. Dérivées des fonctions composées (*fin*). — **Dérivée d'un quotient.** — Soient u et v deux fonctions de x.

Supposons que l'on ait $\quad y = \dfrac{u}{v}.$

Cette relation peut se mettre sous la forme

$$u = vy.$$

Or nous savons, d'après la formule (4) du paragraphe précédent, que l'on a

$$\frac{du}{dx} = v\frac{dy}{dx} + y\frac{dv}{dx},$$

ou
$$v\frac{dy}{dx} = \frac{du}{dx} - y\frac{dv}{dx},$$

ou
$$\frac{dy}{dx} = \frac{\dfrac{du}{dx} - y\dfrac{dv}{dx}}{v}. \tag{1}$$

Si l'on remplace, dans le numérateur du second nombre, y par sa valeur $\dfrac{u}{v}$, l'égalité (1) peut s'écrire

$$\frac{dy}{dx} = \frac{\dfrac{du}{dx} - \dfrac{u}{v}\cdot\dfrac{dv}{dx}}{v} = \frac{v\dfrac{du}{dx} - u\dfrac{dv}{dx}}{v^2}.$$

La dérivée d'un quotient de deux fonctions est donc égale à la dérivée du numérateur multipliée par le dénominateur, moins la dérivée du dénominateur multipliée par le numérateur, le tout divisé par le carré du dénominateur.

Ainsi la dérivée de $\dfrac{5x^4 + 5x}{x^3}$ est égale à

$$\frac{(20x^3 + 5)\,x^3 - (5x^4 + 5x)\,3x^2}{x^7} = \frac{5x^6 - 10x^3}{x^6} = \frac{5x^3 - 10}{x^3}.$$

27. Dérivée de la réciproque d'une fonction. — Si une fonction de x, $F(x)$, est la réciproque d'une autre fonction de x, $f(x)$, $f(x)$ n'étant pas nul, c'est-à-dire si l'on a
$$F(x) = \frac{1}{f(x)}, \tag{1}$$

comme cette équation est vraie de toutes les valeurs de x, elle est vraie, en particulier, de $x + \Delta x$. On peut donc poser
$$F(x + \Delta x) = \frac{1}{f(x + \Delta x)}. \tag{2}$$

Retranchons, membre à membre, l'équation (1) de

l'équation (2) et divisons par Δx les deux membres de la relation ainsi obtenue. Nous aurons

$$\frac{F(x + \Delta x) - F(x)}{\Delta x} = \frac{\dfrac{1}{f(x + \Delta x)} - \dfrac{1}{f(x)}}{\Delta x}$$

$$= \frac{f(x) - f(x + \Delta x)}{\Delta x\, f(x)\, f(x + \Delta x)}$$

$$= \frac{-1}{f(x)\, f(x + \Delta x)} \cdot \frac{f(x + \Delta x) - f(x)}{\Delta x}.$$

Si Δx tend vers zéro comme limite, nous avons :

$$\lim \frac{F(x + \Delta x) - F(x)}{\Delta x} = \frac{-1}{[f(x)]^2} \cdot \lim \frac{f(x + \Delta x) - f(x)}{\Delta x},$$

ce qui peut s'écrire :

$$F'(x) = \frac{1}{[f(x)]^2}[-f'(x)] = -\frac{f'(x)}{[f(x)]^2}.$$

La dérivée de la réciproque d'une fonction est donc égale à moins la dérivée de cette fonction divisée par le carré de cette fonction.

Ainsi la dérivée de $\dfrac{1}{x^4}$ est égale à

$$-\frac{4x^3}{x^8} = -4x^{-5} \qquad \text{ou} \qquad -\frac{4}{x^5}.$$

28. Dérivées des fonctions de fonctions. — Si z est une fonction de y et que y soit, à son tour, une fonction de x, un accroissement Δx de x occasionne un accroissement Δy de y qui, à son tour, occasionne un accroissement Δz de z.

On peut poser $\qquad \dfrac{\Delta z}{\Delta x} = \dfrac{\Delta z}{\Delta y} \cdot \dfrac{\Delta y}{\Delta x}.$

Les limites de ces quantités, en supposant l'existence de limites définies, ont entre elles la même relation, c'est-à-dire que nous avons

$$\frac{dz}{dx} = \frac{dz}{dy} \cdot \frac{dy}{dx}. \tag{1}$$

La fonction d'une fonction peut également s'exprimer de la façon suivante :

$$F(x) = \varphi[f(x)].$$

La dérivée qui y correspond est donnée par l'équation

$$F'(x) = \varphi'[f(x)]f'(x).$$

Notons que $\varphi'[f(x)]$ veut dire dérivée de $\varphi[f(x)]$ non pas par rapport à x, mais par rapport à $f(x)$ ou y. En d'autres termes, il s'agit de $\dfrac{dz}{dy}$ et non pas de $\dfrac{dz}{dx}$, de $\dfrac{d\varphi[f(x)]}{df(x)}$ et non pas de $\dfrac{d\varphi[f(x)]}{dx}$.

La dérivée par rapport à x *d'une fonction d'une fonction de* x *est donc la dérivée de la première fonction par rapport à la deuxième, multipliée par la dérivée de la seconde par rapport à* x.

Soit, maintenant,

$$y = F(v), \qquad v = f(u) \quad \text{et} \quad u = \varphi(x),$$

c'est-à-dire

$$y = F\{f[\varphi(x)]\}.$$

A l'accroissement Δx de la variable indépendante correspondront les accroissements Δu, Δv et Δy. On aura, comme précédemment,

$$\frac{\Delta y}{\Delta x} = \frac{\Delta y}{\Delta v} \cdot \frac{\Delta v}{\Delta u} \cdot \frac{\Delta u}{\Delta x}.$$

En passant à la limite, il viendra

$$\frac{dy}{dx} = \frac{dy}{dv} \cdot \frac{dv}{du} \cdot \frac{du}{dx}. \tag{2}$$

Il en serait de même si, à son tour, u était une fonction d'une fonction de x, et ainsi de suite.

Bref, la dérivée d'une fonction de fonctions est égale au produit des dérivées des fonctions simples qui la composent, chaque dérivée devant être prise par rapport à la variable dont la fonction correspondante dépend immédiatement.

Soit, par exemple, $y = (\log x)^m$. Si nous remplaçons $\log x$ par u, nous avons

$$y = u^m,$$

d'où nous dérivons :

$$\frac{dy}{dx} = m \cdot u^{m-1} \cdot \frac{du}{dx}$$

en appliquant la formule (1).

Mais [1]
$$\frac{du}{dx} = \frac{\log e}{x}.$$

Donc
$$\frac{dy}{dx} = m \cdot u^{m-1} \cdot \frac{\log e}{x}.$$

Remplaçons u par sa valeur $\log x$, nous aurons

$$\frac{dy}{dx} = \frac{m (\log x)^{m-1} \log e}{x}.$$

Soit encore

$$y = e^{e^{e^x}}.$$

Posons
$$e^{e^x} = v \quad \text{et} \quad e^x = u.$$

Appliquons la formule (2), nous aurons

$$\frac{dy}{dx} = e^{e^{e^x}} \, e^{e^x} \, e^x.$$

1. Voir même chapitre, n° 21.

En effet $\dfrac{dy}{dv}$ ou $\dfrac{de^{e^{e^x}}}{de^{e^x}}$ est égal à $e^{e^{e^x}}$, $\dfrac{dv}{du}$ ou $\dfrac{de^{e^x}}{de^x}$ est égal à e^{e^x} et $\dfrac{de^x}{dx}$ est égal à e^x.

29. Théorème de Rolle. — Considérons une fonction $f(x)$ qui s'annule pour les valeurs a et b de la variable. Nous pouvons donc poser

$$f(a) = 0,$$
$$f(b) = 0.$$

Si nous nous occupons des valeurs que prend la fonction entre a et b, puisque pour $x = a$ et pour $x = b$ la fonction est *nulle*, la succession des valeurs entre a et b comportera au moins un *maximum* ou un *minimum*.

Supposons donc qu'il y ait au moins un maximum et que ce maximum corresponde à la valeur c de la variable indépendante. Quand elle arrive à la valeur c, la fonction cesse donc de croître pour commencer à décroître, puisqu'en c elle est à son point maximum. A ce point, la dérivée cesse d'être *positive* pour commencer à devenir *négative* et, par conséquent, elle sera égale à zéro, nombre qui sépare les valeurs positives des valeurs négatives.

Toutes choses étant égales d'ailleurs, le même raisonnement s'applique si la fonction $f(x)$ est au point minimum pour la valeur c de la variable. On conclut de même que $f'(c)$ est nul.

Cela dit, voici l'énoncé du théorème de ROLLE : *Si une fonction continue* f(x), *nulle pour deux valeurs* a *et* b *de* x, *a une dérivée finie et déterminée pour toute valeur de* x *comprise entre* a *et* b, *cette dérivée s'annule au moins pour une valeur* c *de* x *comprise entre* a *et* b.

30. Théorème des accroissements finis. — Le théorème de ROLLE permet d'établir la formule des *accroissements finis*, formule très importante en matière de calcul différentiel. Ce théorème des accroissements finis s'énonce de la façon suivante :

Si une fonction f(x) *est continue et admet une dérivée déterminée pour toutes les valeurs de* x *comprises entre* a *et* b, *on a*

$$\frac{f(b) - f(a)}{b - a} = f'(c), \qquad (1)$$

c *étant un nombre compris entre* a *et* b.

Voici comment l'on peut démontrer ce théorème :

Considérons (fig. 15) la courbe représentative de la fonction $y = f(x)$ et, sur cette courbe, les points A et B correspondant aux abscisses a et b, c'est-à-dire aux valeurs a et b de la variable indépendante x. Les ordonnées Aa et Bb de ces points a et b sont égales à $f(a)$ et à $f(b)$ et le coefficient angulaire de la corde AB est précisément égal à ce rapport

$$\frac{f(b) - f(a)}{b - a}.$$

On peut mener à l'arc AB au moins une tangente CT parallèle à la corde AB et dont le point de contact C est compris entre A et B : si c est l'abscisse du point C, le coefficient angulaire de la tangente CT est égal à la valeur de la dérivée $\frac{dy}{dx}$ ou $f'(x)$ pour $x = c$. Comme les coefficients angulaires de AB et de CT sont égaux, l'égalité (1) se trouve démontrée.

Pour le cas où $f(a)$ et $f(b)$ sont nuls, le premier membre de l'égalité (1) est nul, et par suite la dérivée $f'(x)$ s'annule pour la valeur c, ce qui nous donne une preuve du théorème de ROLLE.

Notons aussi que la formule (1) peut s'écrire sous la forme

$$f(b) - f(a) = (b - a) f'(c). \qquad (2)$$

On l'écrit aussi sous une forme un peu différente, en posant $b = a + h$; le nombre c, compris entre les nombres a et $a + h$, est de la forme $a + \theta h$, θ étant un facteur positif inférieur à l'unité. La formule (2) peut donc être remplacée par la formule suivante[1] :

$$f(a + h) - f(a) = hf'(a + \theta h), \qquad (3)$$

en admettant, bien entendu, que

$$0 < \theta < 1.$$

31. **Maxima et minima. — Généralités.** — Ce que nous venons de dire du théorème de ROLLE et du théorème des accroissements finis, d'une part, ce que nous avons dit plus haut des dérivées successives, d'autre part, va nous permettre de bien comprendre la question des *maxima* et des *minima*, question d'une importance fondamentale en *économie politique*.

Quand la courbe $f(x)$ est horizontale, la pente de la tangente, ou dérivée $f'(x)$, est nulle. Mais cette courbe peut être horizontale de trois façons : en un point

---

1. Voir même chapitre, n° 31 *in fine.*

maximum (A), en un point d'inflexion (B) et en un point minimum (C) (fig. 16).

On dit d'une courbe qu'elle est à un point *maximum*, quand l'ordonnée y de ce point est plus grande que les ordonnées des points qui l'avoisinent des deux côtés.

On dit d'une courbe qu'elle est à un point *minimum*, quand l'ordonnée y de ce point est plus petite que les ordonnées des points qui l'avoisinent des deux côtés.

On dit enfin d'une courbe qu'elle est à un point d'*inflexion*, quand les parties avoisinantes de la courbe, situées des deux côtés, sont également sur des côtés opposés de la tangente à la courbe en ce point.

Dans le voisinage d'un maximum, sur le côté gauche, la courbe a une pente *positive*; sur le côté droit, au contraire, elle a une pente *négative*.

S'il s'agit d'un point minimum, à l'inverse la pente est *négative* à gauche et *positive* à droite.

Enfin, en ce qui concerne les points d'inflexion, la pente est ou bien *négative* ou bien *positive* des deux côtés.

Il est nécessaire de faire observer qu'une seule courbe peut avoir plusieurs maxima et plusieurs minima. Ordonnée maximum ne signifie pas la plus grande de toutes les ordonnées, mais seulement ordonnée plus grande que celles qui l'avoisinent.

32. Maxima et minima (*suite*). — Leur calcul. — Il est facile de comprendre que, lorsqu'une fonction $f(x)$ atteint un point maximum, un point minimum ou un point d'inflexion, $f'(x)$ s'annule, car $f'(x)$ représente le taux d'accroissement de $f(x)$, taux *nul* lorsque $f(x)$ est à un point d'inflexion, à un point minimum ou à un point maximum.

Mais si nous avons $f'(x) = 0$, nous ne savons qu'une chose : c'est que, pour la valeur particulière de x qui satisfait à cette équation, $f(x)$ ne croît ni ne décroît. Nous ne savons pas s'il s'agit d'un maximum, d'un minimum ou d'un point d'inflexion.

En vue de cette détermination, il est donc nécessaire de faire intervenir un autre élément : *la seconde dérivée*, pourvu qu'elle ne soit pas nulle, va nous permettre de résoudre la question.

En effet, si la seconde dérivée est *positive*, la fonction est à un point *minimum*; dans le cas contraire, c'est-à-dire si elle est *négative*, la fonction est à un point *maximum*. Il est aisé de s'en rendre compte si l'on se rappelle ce que représente la seconde dérivée. Celle-ci indique, nous le savons, le taux de variation de la pente. Si elle est *positive*, cette pente est donc *ascendante*; si elle est *négative*, la pente est *descendante*.

Par conséquent, si, à un point où la première dérivée est nulle, la seconde dérivée est *positive*, nous savons qu'à cet endroit la pente de la courbe est *ascendante*. Mais comme la valeur présente de la pente est *nulle*, il faut que cette pente passe, en ce point, d'une valeur *négative* à une valeur *positive*, ce qui ne peut se produire qu'en un point *minimum*.

Si, au contraire, la seconde dérivée est *négative*, cela indique une pente *descendante;* c'est-à-dire que, la pente étant *nulle* au point envisagé, cette pente passe d'une valeur *positive* (*ascendante*) à une valeur *négative* (*descen-*

dante); cela ne peut se produire qu'en un point *maximum*.

Soit, par exemple, la fonction

$$x^3 - 27\,x + 30.$$

Elle a pour première dérivée

$$3x^2 - 27$$

et pour seconde dérivée $6\,x$.

Si nous posons $3x^2 - 27 = 0$,

et que nous résolvions cette équation, nous trouvons

$$x = \pm\,3.$$

Il y a par conséquent deux points pour lesquels la fonction $x^3 - 27x + 30$ est *stationnaire*, c'est-à-dire pour lesquels la tangente est *horizontale*; cette situation se présente quand x est égal à $+3$ ou à -3. Le premier de ces points est un point *minimum* et le second un point *maximum*, car la seconde dérivée $6\,x$ est *positive* pour $x = 3$ et *négative* pour $x = -3$.

Et maintenant, que se produit-il quand, la première dérivée étant nulle, la seconde l'est aussi? Nous ne savons pas, dans ce cas, quelle est la nature de la fonction, à moins de recourir à la *troisième dérivée*. Ou bien celle-ci est *positive*, et alors la fonction est à un *point d'inflexion*, mais elle est *croissante* avant et après ce point. Ou bien la troisième dérivée est *négative*, et alors la fonction est également à un *point d'inflexion*, mais elle est *décroissante* avant et après ce point. Ou bien enfin la troisième dérivée est *nulle*; dans ce cas, nous ignorons encore la nature de la fonction et il nous faut chercher la *quatrième dérivée*, dont les indications sont les mêmes que celles que nous aurait données la seconde dérivée si elle n'avait pas été nulle. Il se peut à nouveau que la quatrième dérivée soit *nulle*; on cherche alors la *cinquième dérivée*, dont les indications sont les mêmes que celles que nous aurait données la troisième dérivée si elle n'avait pas été nulle. Et ainsi de suite.

En résumé, il nous faut aller jusqu'à la dérivée qui n'est pas nulle. Si cette dérivée est d'ordre pair (2ᵉ, 4ᵉ.... dérivée), la fonction est à un point maximum ou minimum suivant que la dérivée en question est négative ou positive. Mais si la dérivée qui n'est pas nulle est d'ordre impair (3ᵉ, 5ᵉ...., dérivée), la fonction est à un point d'inflexion, et elle est croissante ou décroissante suivant que la dérivée est positive ou négative.

Avant de terminer cette étude des maxima et des minima, notons que si

$$F(x) = K f(x), \qquad (1)$$

K étant une constante *positive*, les valeurs de x pour lesquelles F (x) est un maximum ou un minimum sont les mêmes que celles pour lesquelles $f(x)$ est respectivement un maximum ou un minimum.

Si, au contraire, dans l'égalité (1), K est une constante *négative*, les valeurs de x pour lesquelles F (x) est un maximum ou un minimum sont les mêmes que celles pour lesquelles $f(x)$ est respectivement un minimum ou un maximum.

Il est très facile au lecteur de s'en rendre compte par lui-même, s'il se réfère au n° 25 de ce chapitre (dérivée du produit d'une fonction par une constante) et aux explications que nous venons de donner sur les maxima et les minima.

33. Maxima et minima (*fin*). — **Exemples économiques.** — La théorie des maxima et des minima tient une grande place en économie politique. Cournot, entre autres, y recourt à plusieurs reprises. Nous allons donner, en les développant un peu, deux de ses formules les plus importantes. La première a trait à la *loi du débit* et la seconde au *monopole*.

1° Soit D la quantité débitée annuellement, dans l'étendue du pays ou du marché considéré. Cette quantité D varie avec le prix de la marchandise envisagée; nous pouvons donc poser $D = F(p)$. Ajoutons que p représente ici le prix moyen annuel.

Puisque la fonction $F(p)$ est continue, hypothèse admise par Cournot, la fonction $pF(p)$ qui exprime la valeur totale de la quantité débitée annuellement le sera aussi. Si p est nul, $pF(p)$ le sera également. De même si p devient infini, car si le prix est infini, personne n'achètera la marchandise en question. Cela montre que la fonction $pF(p)$ va d'abord en croissant, puis en décroissant, puisqu'elle part de 0 pour revenir à 0. Il y a donc une valeur de p qui rend cette fonction un maximum. Cette valeur est donnée par l'équation

$$F(p) + pF'(p) = 0,$$

$F(p) + pF'(p)$ étant la dérivée de pFp par application de la formule relative à la dérivée d'un produit [1 et 2].

1. Voir même chapitre, n° 25.
2. Cournot, *Recherches*, pp. 55-56.

2° Envisageons le cas d'un homme qui, possédant le secret d'une eau minérale artificielle, devrait payer, pour la produire, les matières premières et la main-d'œuvre. Comme dans l'exemple précédent, nous appellerons $pF(p)$ le bénéfice brut annuel. Le propriétaire s'ingéniera à porter au maximum, non pas ce bénéfice brut, mais le bénéfice net. Ce bénéfice net, bien entendu, est égal au bénéfice brut diminué du coût de production (coût des matières premières et de la main-d'œuvre). Or ce coût de production varie avec le débit ; il est donc fonction du débit, et on peut le figurer de la façon suivante : $\varphi(D)$; mais $D = F(p)$; le coût de production est donc égal à $\varphi[F(p)]$. Le bénéfice net peut donc être représenté par la formule

$$pF(p) - \varphi[F(p)],$$

Le prix p auquel le producteur doit porter sa **denrée** pour réaliser les recettes nettes maxima est **donné par** l'égalisation à zéro de la dérivée de cette expression.

On sait que la dérivée d'une différence de fonctions est égale à la différence des dérivées de ces fonctions[1]. La dérivée de $pF(p) - \varphi[F(p)]$ est donc égale à la dérivée de $pF(p)$, moins la dérivée de $\varphi[F(p)]$.

Nous savons que la dérivée de $pF(p)$ est égale à $F(p) + pF'(p)$, ou $D + p\dfrac{dD}{dp}$. Quelle est la dérivée de $\varphi[F(p)]$?

$\varphi[F(p)]$ est une fonction de fonction. En effet, sa dérivée par rapport à p

$$\frac{d\varphi[F(p)]}{dp}$$

1. Voir même chapitre, n° 24.

peut se décomposer de la façon suivante :

$$\frac{d\varphi[\mathrm{F}(p)]}{d\mathrm{F}(p)} \cdot \frac{d\mathrm{F}(p)}{dp},$$

ou :

$$\frac{d\varphi(\mathrm{D})}{d\mathrm{D}} \cdot \frac{d\mathrm{D}}{dp}.$$

La dérivée de $p\mathrm{F}(p) - \varphi[\mathrm{F}(p)]$, ou, ce qui revient au même, de $p\mathrm{F}(p) - \varphi(\mathrm{D})$ se représente donc par :

$$\mathrm{D} + p\frac{d\mathrm{D}}{dp} - \frac{d\varphi(\mathrm{D})}{d\mathrm{D}} \cdot \frac{d\mathrm{D}}{dp},$$

ou :

$$\mathrm{D} + \frac{d\mathrm{D}}{dp}\left(p - \frac{d\varphi(\mathrm{D})}{d\mathrm{D}}\right).$$

Le prix p auquel le producteur doit porter sa marchandise, pour réaliser les recettes nettes maxima, est ainsi donné par l'équation :

$$\mathrm{D} + \frac{d\mathrm{D}}{dp}\left(p - \frac{d\varphi(\mathrm{D})}{d\mathrm{D}}\right) = 0 \,[1].$$

34. Théorème de Taylor. — Les formules de TAYLOR et de MACLAURIN ont pour but de transformer certaines équations en séries.

Examinons tout d'abord le théorème de TAYLOR.

Soit $f(x)$ une fonction de x développable dans la forme :

$$f(x) = \mathrm{A} + \mathrm{B}(x - a) + \mathrm{C}(x - a)^2 + \mathrm{D}(x - a)^3 + \ldots, \quad (1)$$

où a, A, B, C, D, ... sont des constantes et où la série converge. Nous allons montrer comment on peut exprimer les coefficients indéterminés A, B, C, ... en termes de la seule constante a.

1. COURNOT, *Recherches*, pp. 62-63.

Par dérivation successive, nous obtenons :

$$f'(x) = 1.B + 2.C(x-a) + \quad 3.D(x-a)^2 + \ldots$$
$$f''(x) = \qquad +1.2.C \qquad +2.3.D(x-a) + \ldots$$
$$f'''(x) = \qquad\qquad\qquad\qquad +1.2.3.D \qquad + \ldots \text{ etc.}$$

Puisque ces équations, ainsi que l'équation (1), sont vraies de toutes les valeurs de x, elles sont vraies en particulier de $x = a$.

Elles deviennent alors :

$$f(a) = A \qquad\qquad \text{ou} \qquad A = f(a)$$
$$f'(a) = 1.B \qquad\qquad\qquad\qquad B = f'(a)$$
$$f''(a) = 1.2.C \qquad\qquad\qquad\qquad C = \frac{f''(a)}{1.2}$$
$$f'''(a) = 1.2.3.D \qquad\qquad\qquad\qquad D = \frac{f'''(a)}{1.2.3}.$$
$$\text{etc.} \qquad\qquad\qquad\qquad\qquad \text{etc.}$$

Substituons, dans l'égalité (1), à A, B, C, ... leurs valeurs en fonction de a, nous aurons :

$$f(x) = f(a) + f'(a)(x-a) + f''(a)\frac{(x-a)^2}{1.2} + f'''(a)\frac{(x-a)^3}{1.2.3} + \ldots$$

Si une fonction $f(x)$ est continue dans un certain intervalle, et si a et b sont deux valeurs de x dans cet intervalle, la différence $f(b) - f(a)$ s'annule en même temps que $b - a$. La formule de TAYLOR a pour but de mettre cette différence des valeurs de la fonction sous une forme où apparaissent une ou plusieurs puissances successives de la différence $b - a$ des valeurs de la variable.

Nous avons déjà vu la formule des accroissements finis

$$f(b) - f(a) = (b-a)f'(c),$$

où la première puissance de $b - a$ est mise en évidence et où c est compris entre a et b[1]. La formule de TAYLOR en est une généralisation; elle la comprend comme cas particulier.

Voici l'énoncé du théorème de TAYLOR : *Si une fonction* f(x) *est continue ainsi que ses* n *premières dérivées pour toutes les valeurs de* x *comprises entre deux quantités* a *et* b, *et si elle admet pour ces valeurs une dérivée* (n + 1)ᵉ *déterminée, on a :*

$$f(b) - f(a) = \frac{b - a}{1} f'(a) + \frac{(b - a)^2}{1.2} f''(a) +$$

$$+ \dots + \frac{(b - a)^n}{1.2\dots n} f^{(n)}(a) + \frac{(b - a)^{n+1}}{1.2\dots(n+1)} f^{(n+1)}(c). \quad (2)$$

En remplaçant a par x et b par $x + h$, $b - a$ est égal à h et c est un nombre de la forme $x + \theta h$, θ étant compris entre 0 et 1. L'équation (1) prend la forme suivante, souvent usitée :

$$f(x + h) = f(x) + \frac{h}{1} f'(x) + \frac{h^2}{1.2} f''(x) + \dots + \frac{h^n}{1.2\dots n} f^{(n)}(x) +$$

$$+ \frac{h^{n+1}}{1.2\dots n(n+1)} f^{(n+1)}(x + \theta h). \quad (3)$$

La formule de TAYLOR consiste en l'égalité (1) ou en l'égalité (2). Si nous y faisons $n + 1 = 1$, c'est-à-dire si cette fonction de x n'admet qu'une seule dérivée, nous retrouvons la formule des accroissements finis :

$$f(x + h) = f(x) + hf'(x).$$

35. Théorème de Maclaurin. — Supposons la formule (2) de TAYLOR applicable dans un intervalle Ox, et rem-

---

1. Voir même chapitre, n° 30.

plaçons-y a par 0 et b par x; c sera un nombre de la forme θx, θ étant compris entre 0 et 1, et nous aurons, en faisant passer $f(0)$ au second membre,

$$f(x) = f(0) + \frac{x}{1} f'(0) + \frac{x^2}{1.2} f''(0) + \ldots + \frac{x^n}{1.2\ldots n} f^{(n)}(0)$$

$$+ \frac{x^{n+1}}{1.2\ldots n(n+1)} f^{(n+1)}(\theta x). \qquad (1)$$

Faisons observer, en passant, que $f(0)$ n'est pas nul. C'est simplement une valeur particulière de $f(x)$, obtenue en posant $x = 0$. Par exemple, si

$$f(x) = x^3 + 6x + 12,$$
$$f(0) \text{ est égal à } 12.$$

Lorsque $f(x)$ est un polynôme de degré n, la $n+1^{\text{ème}}$ dérivée est nulle [1]. Les formules (3) du n° précédent et (1) de ce numéro sont alors limitées au degré n, sans terme complémentaire; la formule (1), par exemple, fournit le développement d'un polynôme de degré n ordonné suivant les puissances croissantes de la variable sous la forme

$$f(x) = f(0) + \frac{x}{1} f'(0) + \frac{x^2}{1.2} f''(0) + \ldots + \frac{x^n}{1.2\ldots n} f^{(n)}(0).$$

36. Application des théorèmes de Taylor et de Maclaurin. — Pour donner un exemple des applications des formules de TAYLOR et de MACLAURIN, nous pouvons développer la fonction $(a+x)^n$ en la supposant développable.

---

[1]. Voir même chapitre, n° 12.

Puisque $f(x) = (a + x)^n$,
$$f'(x) = n(a + x)^{n-1},$$
$$f''(x) = n(n - 1)(a + x)^{n-2}, \text{ etc., etc.,}$$

et que, par suite,

$$f(0) = a^n,$$
$$f'(0) = na^{n-1},$$
$$f''(0) = n(n - 1)a^{n-2}, \text{ etc., etc.,}$$

nous pouvons poser

$$f(x) = f(0) + f'(0)\frac{x}{1} + f''(0)\frac{x^2}{1.2} + \cdots$$

$$= a^n + na^{n-1} + \frac{n(n - 1)a^{n-2}}{1.2}.$$

résultat auquel le développement du binô
permet également d'arriver [1].

37. Fonctions de plusieurs variab et
applications économiques. — Jusq' nous
sommes occupés que des fonctions .iable;
nous allons maintenant dire quelr . ..... onctions
de plusieurs variables.

Soit $f(x, y)$ une fonction de deux variables indépendantes x et y. Si, considérant y comme constante, nous
prenons la dérivée de la fonction par rapport à la variable
x, nous obtenons ce que l'on appelle la *dérivée partielle*
de la fonction par rapport à x. De même, si, regardant x
comme constante, nous prenons la dérivée par rapport à
y, nous avons la *dérivée partielle* par rapport à y. Telles
sont les deux *dérivées partielles du premier ordre* de la
fonction proposée; nous leur donnerons les notations

1. Voir chapitre I, n° 12.

f'_x et f'_y : l'indice désigne la variable indépendante par rapport à laquelle on prend la dérivée.

On indique également sous la forme $\frac{\delta y}{\delta x}$ la dérivée partielle de y par rapport à x. En conséquence, on emploie pour la dérivée partielle le δ grec et pour la dérivée totale le d latin. Notons toutefois que MM. VIRGILII et GARIBALDI[1] emploient le d droit pour désigner les dérivées partielles et le d penché pour désigner les dérivées totales.

Si l'on prend ensuite les deux dérivées partielles de f'_x par rapport à x et à y et les deux dérivées partielles de f'_y par rapport à x et à y, on obtient les *dérivées partielles du second ordre*, que l'on représente par les notations

$$f''_{x^2}\ f''_{xy}\ f''_{yx}\ f''_{y^2},$$

et ainsi de suite.

Soit, par exemple, la fonction

$$f(x,\ y) = 6x^2 - 7xy - 5y^2 + 8x + 2y + 10. \quad (1)$$

Prenons les dérivées partielles par rapport à x et à y. Nous obtiendrons

$$f'_x = 12x - 7y + 8,$$
$$f'_y = -7x - 10y + 2.$$

Si nous dérivons une seconde fois par rapport à x et à y, nous arrivons aux quatre dérivées partielles du second ordre :

$$f'_{x^2} = 12 \quad f'_{xy} = -7 \quad f'_{yx} = -7 \quad f'_{y^2} = -10.$$

1. VIRGILII et GARIBALDI, *op. cit.*, p. 164 et *passim*.

Cet exemple nous montre que

$$f'_{xy} = f'_{yx}.$$

Les dérivées des ordres suivants sont nulles. L'équation (1) étant du second ordre, nous savons d'ailleurs qu'il n'y a pas de troisièmes dérivées.

Les fonctions de plusieurs variables ont une très grande importance en économie politique. Ainsi le prix d'une marchandise, sur un marché donné, varie quand les prix des autres denrées varient : il est donc fonction de tous les autres prix, c'est-à-dire fonction de plusieurs variables.

M. G. Rossi[1], d'autre part, considère la valeur V comme fonction de cinq variables, à savoir :

le besoin	b
le travail	l
la quantité des richesses	q
l'utilité des richesses	u
la rareté	r

et il pose ceci

$$V = f(b, l, q, u, r).$$

Prenant un exemple concret, celui des montres, M. WICKSTEED[2] dit que la valeur d'usage de ces objets est fonction de deux variables, leur *quantité* et leur *qualité*. On peut même ajouter que la qualité, ce mot étant employé dans le sens d'excellence, c'est-à-dire dans un sens impliquant une idée de plus ou de moins, peut être regardée comme une quantité d'une certaine espèce.

---

1. G. ROSSI, *La matematica applicata alla teoria della ricchezza sociale*, Reggio, 1889.

2. WICKSTEED, *op. cit.*, p. 7.

Le même auteur donne plus loin[1] les explications suivantes, très claires, sur les fonctions de deux variables :

Supposons, dit-il, que la courbe de l'utilité marginale d'une marchandise donnée pour une certaine personne à un moment donné soit représentée par la relation

$$y = f(x) = 12 - 2x,$$

où x désigne la *quantité* de l'objet envisagé et y l'*utilité marginale*.

Dans ce cas, très problématique, mais choisi par M. WICKSTEED en vue de la facilité de l'exposition, on a affaire à une courbe d'utilité marginale représentée par une ligne droite. En effet, si nous donnons à x des valeurs successives, nous obtenons la plus élevée des trois droites de la figure 17 (a). Supposons maintenant que, pour un motif quelconque, l'individu éprouve un moindre besoin de l'objet, de sorte que l'utilité marginale, tout en obéissant encore à la même loi, commence seulement à 10 et non plus à 12. La formule de la nouvelle courbe sera

$$y = 10 - 2x,$$

et la courbe sera la seconde ligne droite de la figure 17 (a). Enfin, si nous prenons la formule

$$y = 8 - 2x,$$

nous obtenons une nouvelle droite, et ainsi de suite.

La première partie du second membre variant, nous ne pouvons plus la considérer comme *constante*, mais

1. WICKSTEED, *op. cit.*, p. 64 *sq.*

comme *variable indépendante*. Nous pouvons donc poser

$$y = f(z,x) = f(z - 2x),$$

formule où y est fonction des deux variables z et x. Si, au lieu de donner à z les valeurs 12, 10 et 8, nous supposons que z passe par toutes les valeurs, il est clair que nous aurons un système de droites parallèles.

Nous avons admis, jusqu'ici, que les modifications dans la position de la courbe revélaient toujours un caractère très simple. Or il est facile d'imaginer que la personne envisagée peut estimer, pour une raison quelconque, qu'elle a besoin d'une quantité de plus en plus faible de la marchandise en question pour satisfaire ses besoins, bien que son désir initial reste aussi fort. Ce cas sera représenté par l'égalité

$$y = f(z,x) = 12 - zx,$$

où nous pouvons donner à z successivement les valeurs 2, 3, 4 et 6, ce qui nous permet de tracer les droites de la figure 17 (*b*) en faisant passer x par toutes les valeurs de 0 à $\dfrac{12}{z}$, après quoi les valeurs de y seraient négatives.

En sens contraire, nous pouvons supposer que le désir initial perde de son acuité, tandis que la quantité de l'objet nécessaire pour rassasier la personne envisagée ne varie pas. Ce cas peut être représenté par

$$y = f(z,x) = z - \dfrac{3}{6}\,x,$$

et, si nous égalons z successivement à 12, 10, 8, 6, etc., nous obtenons un système de droites telles que celles de la figure 17 (c).

Ces combinaisons sont loin d'épuiser les différentes modifications de notre courbe, tout en lui laissant son caractère de ligne droite. Par exemple, nous pouvons avoir une série de lignes, dont l'une irait de 12 sur l'axe des y à 6 sur l'axe des x, de 8 sur l'axe des y à 12 sur l'axe des x, etc., etc. Cela indique deux causes indépendantes agissant en même temps pour modifier le besoin de la personne en question relativement à l'objet.

38. **Extension aux fonctions de plusieurs variables de la formule des accroissements finis.** — On peut étendre aux fonctions de deux variables la formule des accroissements finis. Donnons, par exemple, aux variables x et y des accroissements h et k, et soit Δz l'accroissement de la fonction

$$z = f(x, y). \tag{1}$$

Nous pouvons poser

$$z + \Delta z = f(x + h, y + k). \tag{2}$$

Retranchons, membre à membre, la relation (1) de la relation (2). Nous avons

$$\Delta z = f(x + h, y + k) - f(x, y).$$

Si, à cette nouvelle équation, nous ajoutons et retranchons $f(x, y + k)$, nous obtenons l'égalité

$$\Delta z = [f(x + h, y + k) - f(x, y + k)] + [f(x, y + k) - f(x, y)].$$

La première partie du deuxième membre

$$f(x + h, y + k) - f(x, y + k)$$

est égale à l'accroissement que prend la fonction $f(x, y + k)$ de la variable x, quand on donne à cette variable un accroissement h. Si l'on se rappelle la formule des accroissements finis

$$f(a + h) - f(a) = hf'(a + \theta h),$$

nous pouvons poser

$$f(x + h, y + k) - f(x, y + k) = hf'_x(x + \theta h, y + k), \quad (3)$$

θ étant un nombre positif et inférieur à 1.

La même formule des accroissements finis nous permet d'écrire

$$f(x, y + k) - f(x, y) = kf'_y(x, y + \theta' k), \quad (4)$$

θ' étant un facteur positif, inférieur à 1, autre que θ.

On peut donc poser, en ajoutant membre à membre les équations (3) et (4),

$$f(x + h, y + k) - f(x, y) = hf'_x(x + \theta h, y + k) + kf'_y(x, y + \theta' k). \quad (5)$$

Telle est la formule des accroissements finis pour les fonctions de deux variables. On obtient des formules analogues quel que soit le nombre des variables indépendantes.

39. Exemple économique de l'application de l'idée de maximum aux fonctions de plusieurs variables. — Voici un exemple économique tiré d'un article de M. BARONE[1].

Supposons qu'un capitaliste emploie un capital K à faire travailler A ouvriers, suivant un procédé technique de production de durée t, pour obtenir une certaine marchandise.

Soit l le salaire annuel et p le produit moyen annuel

____

1. E. BARONE, *Sopra un libro del Wicksell* (*Giornale degli economisti*, novembre 1895).

de chaque ouvrier. Les quantités K, l et p sont exprimées en numéraire.

Soit z le taux de l'intérêt et $p = \mathrm{F}(t)$ la fonction qui relie le produit moyen annuel d'un ouvrier à la durée du processus de production.

Le capital employé K n'est pas le produit Alt, comme on pourrait le croire à première vue ; K sera égal à une fraction $\frac{1}{\varepsilon}$ de Alt ; c'est-à-dire que l'on aura

$$K = \frac{1}{\varepsilon} \mathrm{A}lt,$$

parce que l'on pourra, une fois la production en train, compter sur un produit achevé que l'on peut réaliser promptement.

Le produit moyen annuel de chaque ouvrier, ou p, devra donner le salaire l, plus l'intérêt au taux z du capital relatif à chaque ouvrier, capital représenté par la formule $\frac{1}{\varepsilon} lt$, c'est-à-dire le capital total $\frac{1}{\varepsilon}$ Alt divisé par le nombre d'ouvriers A. Cette phrase se traduit dans l'équation que voici

$$p = l + \frac{1}{\varepsilon} ltz = l\left(1 + \frac{tz}{\varepsilon}\right).$$

Nous avons déjà trois relations

$$p = \mathrm{F}(t) \qquad K = \frac{1}{\varepsilon}\mathrm{A}lt \quad \text{et} \quad p = l\left(1 + \frac{tz}{\varepsilon}\right). \quad (1)$$

Il s'agit maintenant d'en chercher une quatrième : celle suivant laquelle, étant donné un salaire l, la durée t sera choisie de telle façon que le taux z soit maximum.

Pour obtenir cette équation, il nous faut regarder z

comme fonction de t; la condition du maximum sera donnée par

$$\frac{dz}{dt} = 0.$$

Or, la dernière des équations (1), $p = l\left(1 + \frac{tz}{\varepsilon}\right)$, dérivée par rapport à t, donne

$$\frac{dp}{dt} = \frac{l}{\varepsilon}\left(t\frac{dz}{dt} + z\right). \tag{2}$$

En effet, la dérivée de p est égale à la dérivée de l, plus la dérivée de $\frac{ltz}{\varepsilon}$ ou $\frac{l}{\varepsilon}tz$. Mais, la dérivée de l est zéro, puisque l est une constante. Quant à la dérivée de $\frac{l}{\varepsilon}tz$, comme $\frac{l}{\varepsilon}$ est une constante, elle est égale à la dérivée de tz multipliée par $\frac{l}{\varepsilon}$. Or, la dérivée de tz, produit de deux fonctions, est égale à

$$t\frac{dz}{dt} + z\frac{dt}{dt},$$

c'est-à-dire à
$$t\frac{dz}{dt} + z.$$

Si nous introduisons dans l'égalité (2) la condition de maximum $\frac{dz}{dt} = 0$, nous avons

$$\frac{dp}{dt} = \frac{l}{\varepsilon}\left[(t\times 0) + z\right] = \frac{lz}{\varepsilon}.$$

Pour savoir si la valeur correspondant à $\frac{dz}{dt} = 0$ comporte un maximum, il faudrait étudier $\frac{d^2z}{dt^2}$. Mais, dans le cas envisagé ici, la nature de la question exclut l'idée de minimum. D'ailleurs, comme on ne connaît pas z en tant que fonction de t, il est matériellement impossible de procéder à la détermination de $\dfrac{d^2z}{dt^2}$.

Si l'on tient compte de la rente du sol, cet exemple permet une application de la théorie des maxima et des minima aux fonctions de deux variables.

Soit, par exemple, r la rente annuelle de l'unité de superficie du sol, h le nombre de ces unités cultivées par chaque travailleur. Aux trois équations (1), l'on peut substituer les trois suivantes :

$$\left. \begin{aligned} p &= \mathrm{F}(t,\ h) \\ \mathrm{K} &= \mathrm{A}(l + hr)\,\frac{t}{\varepsilon} \\ p &= (l + hr)\left(1 + \frac{tz}{\varepsilon}\right) \end{aligned} \right\} \qquad (3)$$

Si l'on veut exprimer les conditions de maximum de z, on devra annuler $\dfrac{\delta z}{\delta l}$ et $\dfrac{\delta z}{\delta h}$, z étant fonction de t et de h.

La dernière des trois relations (3), dérivée partiellement par rapport à t et à h, nous donne :

$$\frac{\delta p}{\delta l} = (l + hr)\left(\frac{t}{\varepsilon}\,\frac{\delta z}{\delta l} + \frac{z}{\varepsilon}\right)$$

$$\frac{\delta p}{\delta h} = r\left(1 + \frac{tz}{\varepsilon}\right) + (l + hr)\,\frac{t}{\varepsilon}\,\frac{\delta z}{\delta h}\,.$$

Si $\dfrac{\delta z}{\delta l}$ et $\dfrac{\delta z}{\delta h}$ sont nuls, ces équations deviennent :

$$\frac{\delta p}{\delta l} = (l + hr)\,\frac{z}{\varepsilon}$$

$$\frac{\delta p}{\delta h} = \left(1 + \frac{tz}{\varepsilon}\right)r.$$

La nature même de la question nous montre qu'à $\frac{\delta z}{\delta t} = 0$ et à $\frac{\delta z}{\delta h} = 0$ doit correspondre un maximum.

40. Différentielle totale d'une fonction de plusieurs variables indépendantes. — Soit $f(x, y)$ une fonction de deux variables indépendantes; si, dans cette fonction, nous laissons y constant et si nous donnons à x un accroissement infiniment petit Δx, la partie principale de l'accroissement de la fonction est égale à $f'_x \Delta x$ ou $\frac{\delta f}{\delta x} \Delta x$.

De même, si nous laissons x constant et si nous donnons à y un accroissement infiniment petit Δy, la partie principale du nouvel accroissement de la fonction est égale à $f'_y \Delta y$ ou $\frac{\delta f}{\delta y} \Delta y$.

La différentielle totale de la fonction $z = f(x, y)$ n'est autre que la somme de ces deux parties principales. On la représente par dz ou $df(x, y)$ et l'on pose :

$$df = f'_x \Delta x + f'_y \Delta y = \frac{\delta f}{\delta x} \Delta x + \frac{\delta f}{\delta y} \Delta y.$$

Si l'on considère le cas particulier où $f(x, y)$ se réduit à x, on a $f'_x = 1$, $f'_y = 0$ et df, c'est-à-dire dx, prend la valeur Δx. De même, si $f(x, y)$ se réduit à y, df ou dy prend la valeur Δy. Il en résulte que l'on peut remplacer Δx par dx et Δy par dy, et écrire :

$$df = f'_x\, dx + f'_y\, dy = \frac{\delta f}{\delta x} dx + \frac{\delta f}{\delta y} dy. \qquad (1)$$

De même, la différentielle totale d'une fonction $f(x, y, z)$ de trois variables indépendantes est :

$$df = \frac{\delta f}{\delta x}\,dx + \frac{\delta f}{\delta y}\,dy + \frac{\delta f}{\delta z}\,dz. \qquad (2)$$

Si nous divisons les deux membres de l'équation (1) par dx et par dy, nous obtenons les deux autres formes que voici :

$$\frac{df}{dx} = \frac{\delta f}{\delta x} + \frac{\delta f}{\delta y}\frac{dy}{dx} \quad \text{et} \quad \frac{df}{dy} = \frac{\delta f}{\delta x}\frac{dx}{dy} + \frac{\delta f}{\delta y}.$$

41. Exemple économique de la différentielle totale de plusieurs variables. — Voici un exemple, développé par MM. Virgilii et Garibaldi [1], où intervient la formule (2) du n° précédent, formule donnant la différentielle totale d'une fonction de trois variables.

Quand un individu consomme une quantité très petite, dx_a du bien économique A, après avoir consommé les quantités x_a, x_b, ... des biens A, B, ..., l'ophélimité de cette partie dx_a pourra être regardée comme dépendant des quantités x_a, x_b, ... des biens A, B, ... consommés, et on pourra la tenir pour proportionnelle à dx_a. En conséquence, si nous indiquons par $\varphi_a(x_a x_b \ldots)$ une certaine fonction de x_a, x_b, ..., nous pourrons représenter cette ophélimité par $\varphi_a(x_a, x_b \ldots)\,dx_a$.

L'ophélimité élémentaire de A pour l'individu considéré, au moment et dans les conditions envisagés, sera le rapport de cette ophélimité

$$\varphi_a(x_a, x_b, \ldots)\,dx_a$$

1. Virgilii et Garibaldi, *op. cit.*, pp. 167-168.

à la quantité dx_a. Cette ophélimité élémentaire sera donc

$$\frac{\varphi_a(x_a,\, x_b \ldots)\, dx_a}{dx_a} = \varphi_a(x_a,\, x_b,\, \ldots).$$

En procédant de même, nous obtiendrons les fonctions

$$\varphi_b(x_a,\, x_b,\, \ldots), \qquad \varphi_c(x_a,\, x_b,\, \ldots), \quad \ldots,$$

qui représentent les ophélimités élémentaires de B, C, ..., pour l'individu en question et dans les conditions envisagées.

Si, de plus, nous pensons qu'il existe une fonction $\Phi(x_a,\, x_b,\, \ldots)$ telle que ses dérivées partielles soient

$$\frac{\delta\Phi}{\delta x_a} = \varphi_a(x_a,\, x_b,\, \ldots)$$

$$\frac{\delta\Phi}{\delta x_b} = \varphi_b(x_a,\, x_b,\, \ldots)$$

$$\cdot \quad \cdot \quad \cdot \quad \cdot \quad \cdot \quad \cdot \quad \cdot \quad \cdot \quad ,$$

cette fonction Φ représente l'*ophélimité totale* qui résulte, pour l'individu considéré, de la consommation de A, B, ...

Les variations de cette ophélimité totale, correspondant aux variations dx_a, dx_b, ..., des quantités consommées x_a, x_b, ..., seront, avec une très grande approximation,

$$d\Phi = \frac{\delta\Phi}{\delta x} \, dx_a + \frac{\delta\Phi}{\delta x_b} \, dx_b + \ldots,$$

ou
$$d\Phi = \varphi_a\, dx_a + \varphi_b\, dx_b + \ldots.$$

42. Dérivées des fonctions composées (Établissement de la formule générale). — Nous supposerons que l'on ait une fonction f de trois variables u, v et w et que ces trois variables soient elles-mêmes des fonctions données de variables indépendantes x, y.... Il s'agit de calculer la dérivée de f par rapport à l'une de ces variables, par exemple par rapport à x, connaissant les dérivées partielles de f par rapport à u, v, w et les dérivées de ces trois fonctions par rapport à x.

Si nous donnons à x un accroissement Δx, u, v, w et f subiront les accroissements respectifs Δu, Δv, Δw et Δf.

L'équation
$$f = f(u,\ v,\ w) \tag{1}$$
devient alors

$$f + \Delta f = f(u + \Delta u,\ v + \Delta v,\ w + \Delta w). \tag{2}$$

Retranchons l'égalité (1) de l'égalité (2). Il reste

$$\Delta f = f(u + \Delta u,\ v + \Delta v,\ w + \Delta w) - f(u,\ v,\ w).$$

Ajoutons et retranchons au second membre de cette nouvelle relation $f(u + \Delta u,\ v,\ w)$ et $f(u + \Delta u,\ v + \Delta v,\ w)$, nous obtenons

$$\Delta f = f(u + \Delta u,\ v,\ w) - f(u,\ v,\ w)$$
$$+ f(u + \Delta u,\ v + \Delta v,\ w) - f(u + \Delta u,\ v,\ w)$$
$$+ f(u + \Delta u,\ v + \Delta v,\ w + \Delta w) - f(u + \Delta u,\ v + \Delta v,\ w).$$

Appliquons la formule des accroissement finis

$$f(a + h) - f(a) = h f'(a + \theta h)$$

à chacune des trois différences du second membre [1].

Dans la première, u est la variable, Δu son accroissement, v et w restent constants; dans la deuxième la variable est v et dans la troisième w. Nous avons alors,

---

1. Voir même chapitre, n° 30, équation (3).

en désignant par θ_1, θ_2 et θ_3 des nombres convenablement choisis entre 0 et 1,

$$\Delta f = f'_u(u + \theta_1\, \Delta u,\, v,\, w)\, \Delta u + f'_v(u + \Delta u,\, v + \theta_2\, \Delta v,\, w)\, \Delta v$$
$$+ f'_w(u + \Delta u,\, v + \Delta v,\, w + \theta_3\, \Delta w)\, \Delta w.$$

Pour arriver à la dérivée de f par rapport à x, nous devons diviser les deux membres par Δx et faire tendre cet accroissement Δx vers zéro : nous avons

$$\frac{\Delta f}{\Delta x} = f'_u(u + \theta_1\, \Delta u,\, v,\, w)\, \frac{\Delta u}{\Delta x} + f'_v(u + \Delta u,\, v + \theta_2\, \Delta v,\, w)\, \frac{\Delta v}{\Delta x}$$
$$+ f'_w(u + \Delta u,\, v + \Delta v,\, w + \theta_3\, \Delta w)\, \frac{\Delta w}{\Delta x}.$$

Or les accroissements Δu, Δv et Δw tendent vers zéro en même temps que Δx, et les rapports $\dfrac{\Delta u}{\Delta x}$, $\dfrac{\Delta v}{\Delta x}$, $\dfrac{\Delta w}{\Delta x}$ ont des limites respectivement égales aux dérivées u'_x, v'_x, w'_x; si les dérivées partielles de $f(u, v, w)$ par rapport aux variables u, v, w, sont des fonctions continues de ces variables, les valeurs qu'elles possèdent dans le second membre ont des limites égales à celles qu'elles prennent quand Δu, Δv, Δw sont nuls. Nous en concluons que $\dfrac{\Delta f}{\Delta x}$ à une limite, et que f a une dérivée par rapport à x, dérivée donnée par la formule

$$f'_x = f'_u(u,\, v,\, w)\, u'_x + f'_v(u,\, v,\, w)\, v'_x + f'_w(u,\, v,\, w)\, w'_x,$$

ou bien

$$\frac{\delta f}{\delta x} = \frac{\delta f}{\delta u}\, \frac{\delta u}{\delta x} + \frac{\delta f}{\delta v}\, \frac{\delta v}{\delta x} + \frac{\delta f}{\delta w}\, \frac{\delta w}{\delta x}, \tag{3}$$

ce que nous pouvons énoncer de la façon suivante :

Pour former la dérivée d'une fonction composée, on multiplie la dérivée de cette fonction par rapport à chaque variable dont elle dépend par la dérivée de cette variable, et l'on fait la somme des résultats.

Cette règle générale comprend toutes celles que nous avons données aux n⁰ˢ 24 et suivants.

Comme exemple, cherchons la dérivée par rapport à x de la fonction $f = (x^2 y)^x$.

Nous poserons $u = x^2 y$ et $v = x$, de sorte que f sera égal à u^v. D'après ce que nous avons vu aux n⁰ˢ 19 et 20, nous avons

$$\frac{\delta f}{\delta u} = v u^{v-1} = x (x^2 y)^{x-1}$$

$$\frac{\delta f}{\delta v} = u^v \, \mathrm{L}\, u = (x^2 y)^x \, \mathrm{L}\, (x^2 y).$$

Comme, de plus, les dérivées de u et v sont

$$\frac{\delta u}{\delta x} = 2xy \quad \text{et} \quad \frac{\delta v}{\delta x} = 1,$$

nous avons

$$\frac{\delta f}{\delta x} = [x(x^2 y)^{x-1} \times 2xy] + (x^2 y)^x \, \mathrm{L}\, (x^2 y) = (x^2 y)^x \, [2 + \mathrm{L}\, (x^2 y)].$$

43. Différentielle totale d'une fonction composée. — Soit $z = f(u, v, w)$ une fonction de trois variables u, v et w, qui sont elles-mêmes des fonctions d'une ou plusieurs variables indépendantes, x et y par exemple, z est une fonction composée de ces variables et, d'après la formule (3) du n° précédent, ses dérivées partielles sont

$$\frac{\delta f}{\delta x} = \frac{\delta f}{\delta u}\frac{\delta u}{\delta x} + \frac{\delta f}{\delta v}\frac{\delta v}{\delta x} + \frac{\delta f}{\delta w}\frac{\delta w}{\delta x}.$$

$$\frac{\delta f}{\delta y} = \frac{\delta f}{\delta u}\frac{\delta u}{\delta y} + \frac{\delta f}{\delta v}\frac{\delta v}{\delta y} + \frac{\delta f}{\delta w}\frac{\delta w}{\delta y}.$$

Si nous multiplions respectivement par dx et dy, et si nous ajoutons les résultats, nous trouverons la *différentielle totale* de la fonction ; nous aurons ainsi

$$df = \frac{\delta f}{\delta u}\left(\frac{\delta u}{\delta x}dx + \frac{\delta u}{\delta y}dy\right) + \frac{\delta f}{\delta v}\left(\frac{\delta v}{\delta x}dx + \frac{\delta v}{\delta y}dy\right) + \frac{\delta f}{\delta w}\left(\frac{\delta w}{\delta x}dx + \frac{\delta w}{\delta y}dy\right).$$

Mais les parenthèses ne sont autre chose que les différentielles du, dv, dw de u, v, w. Nous avons par suite la formule

$$df = \frac{\delta f}{\delta u}du + \frac{\delta f}{\delta v}dv + \frac{\delta f}{\delta w}dw. \qquad (1)$$

Bref la différentielle totale d'une fonction composée est égale à la somme des produits obtenus en multipliant la dérivée partielle de cette fonction par rapport à chacune des variables dont elle dépend immédiatement, par la différentielle de cette variable, que celle-ci soit indépendante ou non.

44. Dérivées des fonctions implicites. — On dit d'une fonction qu'elle est *implicite* quand elle est liée à la variable par une équation non résolue.

Ainsi l'équation

$$f(x, y) = 0$$

dans laquelle le premier membre est une fonction quelconque de deux variables x et y, définit une fonction implicite y de x.

Si l'on pouvait résoudre l'équation, on en déduirait

$$y = \varphi(x),$$

et la fonction deviendrait *explicite*.

Cette fonction $f(x, y)$ étant constamment nulle, sa

différentielle totale est nulle. En appliquant la formule (1) du n° précédent, nous avons

$$\frac{\delta f}{\delta x}\,dx + \frac{\delta f}{\delta y}\,dy = 0. \tag{1}$$

Cette égalité nous permet d'obtenir la dérivée d'une fonction implicite. Nous en tirons, en effet,

$$\frac{\delta f}{\delta y}\,dy = -\frac{\delta f}{\delta x}\,dx.$$

et

$$\frac{dy}{dx} = \frac{-\dfrac{\delta f}{\delta x}}{\dfrac{\delta f}{\delta x}} = -\frac{f'_x}{f'_y}. \tag{2}$$

Soit, par exemple, la fonction

$$x^3 + y^3 - 3axy = 0.$$

La formule (1) nous donne

$$(3x^2 - 3ay)\,dx + (3y^2 - 3ax)\,dy = 0,$$

d'où nous tirons

$$\frac{dy}{dx} = \frac{3x^2 - 3ay}{-(3y^2 - 3ax)} = \frac{x^2 - ay}{ax - y^2},$$

ce que la formule (2) nous permet également d'établir.

45. **Homogénéité des formules.** — On dit qu'une expression composée au moyen de plusieurs lettres a, b, c, x, y, z, réunies par les symboles de l'algèbre (addition, soustraction, multiplication, division, élévation aux puissances, extraction de racines) est *homogène*, lorsque, en y remplaçant ces lettres respectivement par ka, kb, kc, kx, ky et kz, on obtient une nouvelle expression, égale au

produit de la première par une certaine puissance de k; le degré de cette puissance s'appelle *degré d'homogénéité*.

Par exemple, les expressions

$$a^2 + b^2 - c^2 \qquad \frac{a^2 - a^2}{x^2 + a^2} \qquad \frac{\sqrt{x} - \sqrt{y}}{x + y}$$

sont homogènes et de degrés respectifs 2, 0, $-\frac{1}{2}$.

Prenons la première expression; en remplaçant a, b et c par ka, kb et kc, nous avons

$$k^2 a^2 + k^2 b^2 - k^2 c^2 = k^2 (a^2 + b^2 - c^2).$$

k étant au carré, le dégré d'homogénéité est 2.

Soit, maintenant, la seconde expression. Remplaçons a par ka et x par kx; nous avons [1]

$$\frac{k^2 x^2 - k^2 a^2}{k^2 x^2 + k^2 a^2} = \frac{k^2(x^2 - a^2)}{k^2(x^2 + a^2)} = 1 \frac{x^2 - a^2}{x^2 + a^2} = k^0 \frac{x^2 - a^2}{x^2 + a^2}.$$

Le degré d'homogénéité est donc égal à 0.

Quant à la troisième expression, si nous remplaçons x par kx et y par ky, nous obtenons :

$$\frac{\sqrt{kx} - \sqrt{ky}}{kx + ky} = \frac{\sqrt{k}(\sqrt{x} - \sqrt{y})}{k(x + y)} = \frac{k^{\frac{1}{2}}(\sqrt{x} - \sqrt{y})}{k(x + y)}$$

$$= k^{\frac{1}{2} - 1} \frac{\sqrt{x} - \sqrt{y}}{x + y} = k^{-\frac{1}{2}} \frac{\sqrt{x} - \sqrt{y}}{x + y}.$$

Le degré d'homogénéité est donc égal à $-\frac{1}{2}$.

46. Théorème d'Euler sur les fonctions homogènes. — Ce que nous venons de dire de l'homogénéité va nous

---

1. Nous avons vu, chapitre I, n° 13, que la puissance zéro d'un nombre quelconque est toujours égale à 1.

aider à comprendre les fonctions homogènes et le théorème d'EULER.

On reconnaît qu'une fonction $f(x, y, z)$ est homogène et de degré m à ce que l'on a identiquement

$$f(kx, ky, kz) = k^m f(x, y, z).$$

Soit, par exemple,

$$f(x, y, z) = ax^3y^2z + by^6 + cy^2z^4.$$

Si nous remplaçons x, y et z par kx, ky et kz, nous obtenons

$$f(kx, ky, kz) = ak^3x^3k^2y^2kz + bk^6y^6 + ck^3y^2k^4z^4$$
$$= ak^6x^3y^2z + bk^6y^6 + ck^6y^2z^4$$
$$= k^6(ax^3y^2z + by^6 + cy^2z^4).$$

Ce dernier terme représente la fonction multipliée par k^6. La fonction est donc une fonction homogène du sixième degré.

Voici maintenant quelques théorèmes importants relatifs aux fonctions homogènes.

1ᵉʳ THÉORÈME. — *Si l'on divise une fonction homogène de même degré par une des variables indépendantes élevée à la puissance m, la fonction ne dépend plus que des rapports des autres variables indépendantes à la première variable indépendante.*

Soit, par exemple, $kx = 1$; nous en déduisons

$$k = \frac{1}{x}.$$

L'équation $\quad f(kx, ky, kz) = k^m f(x, y, z)$

devient, si l'on substitue à k sa valeur $\dfrac{1}{x}$,

$$f\left(\frac{x}{x}, \frac{y}{x}, \frac{z}{x}\right) = \frac{1^m f(x, y, z)}{x^m},$$

ou
$$f\left(1, \frac{y}{x}, \frac{z}{x}\right) = \frac{f(x, y, z)}{x^m}.$$

La fonction homogène $f(x, y, z)$, divisée par la variable indépendante x de degré m, ne dépend donc que des rapports des autres variables indépendantes y et z à la première variable indépendante x, c'est-à-dire des rapports $\frac{y}{x}$ et $\frac{z}{x}$.

La réciproque est vraie.

2ᵉ THÉORÈME. — *Les dérivées partielles d'une fonction homogène de degré* m *sont des fonctions homogènes de degré* m — 1.

Si nous dérivons l'équation

$$f(kx, ky, kz) = k^m f(x, y, z)$$

par rapport à x, nous avons

$$f'_{kx}(kx, ky, kz)\frac{dkx}{dx} = k^m f'_x(x, y, z).$$

Or
$$\frac{dkx}{dx} = k.$$

On a donc
$$f'_{kx}(kx, ky, kz)k = k_m f'_x(x, y, z).$$

Divisons par k, nous obtiendrons

$$f'_{kx}(kx, ky, kz) = k^{m-1} f'_x(x, y, z),$$

formule correspondant à l'énoncé du théorème.

3°. Théorème d'EULER. — *Dans une fonction homogène, la somme des produits des dérivées partielles par les varia- bles respectives est égale à la fonction multipliée par son degré, et vice versa.*

Soit la relation

$$f(kx,\ ky,\ kz) = k^m f(x,\ y,\ z).$$

Si nous dérivons par rapport à k, nous aurons

$$\frac{\delta f(kx, ky, kz)}{\delta kx}\frac{dkx}{dk} + \frac{\delta f(kx, ky, kz)}{\delta ky}\frac{dky}{dk} + \frac{\delta f(kx, ky, kz)}{\delta kz}\frac{dkz}{dk} = mk^{m-1}f(x, y, z),$$

ou

$$\frac{\delta f(kx, ky, kz)}{\delta kx}x + \frac{\delta f(kx, ky, kz)}{\delta ky}y + \frac{\delta f(kx, ky, kz)}{\delta kz}z = mk^{m-1}f(x, y, z).$$

Si nous égalisons k à 1, nous avons

$$\frac{\delta f(x, y, z)}{\delta x}x + \frac{\delta f(x, y, z)}{\delta y}y + \frac{\delta f(x, y, z)}{\delta z}z = mf(x, y, z).$$

Telle est la formule que permet d'établir le théorème d'EULER.

47. Exemple économique basé sur le théorème d'Euler. — M. PARETO donne l'explication suivante, basée sur le théorème d'EULER [1] :

Supposons que, pour fabriquer la quantité Q_a de A, on emploie les quantités S_a, T_a, V_a, ..., de services des capitaux S, T, V, ...

Soit a_s, a_t, a_v, ..., les coefficients de fabrication, c'est-à-dire les quantités de services des capitaux S, T, V, ..., nécessaires à la fabrication de l'unité de produit.

On aura

$$a_s = \frac{S_a}{Q_a} \qquad a_t = \frac{T}{Q_a} \ \ldots\ldots$$

ou $\qquad S_a = a_s Q_a \qquad T_a = a_t Q_a \ \ldots\ldots \qquad\qquad (1)$

---

1. VILFREDO PARETO, *Cours d'Économie Politique*, vol. II, n°s 714 et 717.

Supposons maintenant que S_a croisse de la différentielle partielle dS_a, T_a, V_a, ..., demeurant constants (si cela est possible). Dans ces conditions Q_a croîtra de

$$\frac{\delta Q_a}{\delta S_a} dS_a \quad [1].$$

De même, si T_a croît de la différentielle dT_a, S_a, V_a, ..., restant constants (si cela est possible), Q_a, dans ces conditions, croîtra de $\quad \dfrac{\delta Q_a}{\delta T_a} dT_a \quad [1].$

Supposons encore que Q_a soit une fonction homogène du premier degré des variables S_a, T_a, V_a, ...; le théorème d'EULER nous permet de poser

$$S_a \frac{\delta Q_a}{\delta S_a} + T_a \frac{\delta Q_a}{\delta T_a} + \ldots = Q_a \quad [2].$$

Remplaçons S_a par $a_s Q_a$, T_a par $a_t Q_a$, ..., comme nous y autorise l'équation (1). Nous aurons :

$$a_s Q_a \frac{\delta Q_a}{\delta S_a} + a_t Q_a \frac{\delta Q_a}{\delta T_a} + \ldots = Q_a.$$

Divisons par Q_a les deux membres de cette relation. Cette opération nous donne

$$a_s \frac{\delta Q_a}{\delta S_a} + a_t \frac{\delta Q_a}{\delta T_a} + \ldots = 1, \qquad (2)$$

---

1. PARETO, *ibid.*, p. 85, dit que $\dfrac{\delta Qa}{\delta Sa}$, $\dfrac{\delta Qa}{\delta Ta}$, ..., sont ce que l'on appelle la *production marginale*, c'est-à-dire « l'augmentation de production, réduite à l'unité, que donne une augmentation très petite du facteur de production. »

2. D'après PARETO, *ibid.*, p. 86 : « Cette équation indique que le produit obtenu se répartit entre les différents facteurs de production proportionnellement à leur *productivité marginale*. »

Soit, maintenant, p_a, p_s, p_t, ..., les prix de A, S, T, ...

Si nous égalisons les recettes et les dépenses du commerçant, c'est-à-dire si nous supposons qu'il n'y a ni bénéfice ni perte, nous avons

$$p_a\frac{\delta Q_a}{\delta S_a} = p_s \qquad p_a\frac{\delta Q_a}{\delta_a} = p_t \ldots\ldots, \qquad (3)$$

lorsque S_a croît de dS_a, T_a, V_a, etc., restant constants, et lorsque T_a croît de dT_a, S_a, V_a, etc., restant constants.

Des relations (3), nous pouvons tirer

$$\frac{p_s}{p_a} = \frac{\delta Q_a}{\delta S_a} \qquad \frac{p_t}{p_a} = \frac{\delta Q_a}{\delta T_a} \ldots\ldots$$

Remplaçons, dans l'équation (2), $\frac{\delta Q_a}{\delta S_a}$, $\frac{\delta Q_a}{\delta T_a}$, ..., respectivement par $\frac{p_s}{p_a}$, $\frac{p_t}{p_a}$, ..., nous aurons

$$a_s\frac{p_s}{p_a} + a_t\frac{p_t}{p_a} + \ldots\ldots = 1.$$

Multiplions par p_a les deux membres de cette égalité, nous obtenons

$$a_s p_s + a_t p_t = p_a.$$

Cette équation est fondamentale pour l'étude de l'équilibre économique de la production.

CHAPITRE IV

CALCUL INTÉGRAL

1. Fonctions primitives. — Avant d'aborder le *calcul intégral*, il est nécessaire de dire quelques mots des *fonctions primitives*. On appelle *fonction primitive* d'une fonction donnée une autre fonction dont la fonction proposée est la dérivée. Il s'agit de prouver que toute fonction continue $f(x)$ admet une fonction primitive $F(x)$ dont la dérivée est égale à $f(x)$.

Le problème qui se pose est donc le suivant : *Étant donné une fonction* f (x) *d'une variable indépendante* x, *déterminer une fonction* F (x) *dont la dérivée est* f (x).

Cette fonction $F(x)$ est définie par les deux équations suivantes, d'ailleurs équivalentes :

$$\frac{dF(x)}{dx} = f(x) \qquad dF(x) = f(x)\,dx. \qquad (1)$$

Une fonction déterminée $f(x)$ comporte une infinité de fonctions primitives; on les obtient toutes en ajoutant ou en retranchant à l'une d'elles une *constante arbitraire*. En effet, supposons que l'on connaisse une fonction primitive $F(x)$, solution des équations (1) et que $F_1(x)$ soit une autre solution des mêmes équations. La différence

$$\Phi(x) = F_1(x) - F(x)$$

a pour dérivée la différence des dérivées de $F_1(x)$ et de $F(x)$, c'est-à-dire

$$f(x) - f(x) = 0;$$

la fonction $\Phi(x)$, ayant une dérivée constamment nulle, est une constante; si nous la représentons par K, nous avons, par suite :

$$K = F_1(x) - F(x),$$

ou

$$F_1(x) = F(x) + K,$$

ce que nous voulions établir. Nous obtiendrons les solutions $F_1(x)$ en donnant à la constante K toutes les valeurs possibles.

2. Signification géométrique des fonctions primitives. — On représente géométriquement les fonctions primitives d'une fonction $f(x)$ de la manière suivante :

Traçons, dans un système d'axes rectangulaires Oxy (fig. 18) la ligne représentative de la fonction $f(x)$; supposons que cette fonction soit continue et, de plus, positive dans un certain intervalle, et choisissons, dans cet intervalle, deux valeurs de la variable, l'une fixe ($a = OP$), l'autre quelconque, mais plus grande que a ($x = OQ$). Si nous traçons les ordonnées PA et QM de la courbe correspondant à ces deux valeurs, l'aire $APQM$, limitée par ces ordonnées, l'axe de x et l'arc AM de la courbe, varie avec l'abscisse x du point M, et elle est une fonction de cette abscisse. Nous allons montrer que cette fonction, que nous appellerons $F(x)$, est précisément une fonction primitive de $f(x)$, c'est-à-dire qu'elle a pour dérivée $f(x)$.

Donnons, en effet, à x un accroissement Δx représenté par QQ', et traçons l'ordonnée Q'M' relative à l'abscisse $x + \Delta x$; nous avons

$$F(x) = \text{aire APQM} \qquad (1)$$

et
$$F(x + \Delta x) = \text{aire APQ'M'}. \qquad (2)$$

Retranchons membre à membre l'équation (1) de l'équation (2); il reste

$$F(x + \Delta x) - F(x) = \text{aire APQ'M'} - \text{aire APQM} = \text{aire QMM'Q'}.$$

L'aire QMM'Q' est comprise entre les aires de deux rectangles qui auraient pour base commune $QQ' = \Delta x$ et pour hauteur QM et Q'M' . Par conséquent le quotient

$$\frac{F(x + \Delta x) - F(x)}{\Delta x} \qquad \left(\text{c'est-à-dire } \frac{\text{aire QMM'Q'}}{QQ'} \right)$$

est compris entre les valeurs de QM et de Q'M'; et, lorsque Δx tend vers zéro, il a pour limite la valeur de QM, c'est-à-dire $f(x)$; nous avons donc

$$\lim \frac{F(x + \Delta x) - F(x)}{\Delta x} = \frac{dF(x)}{dx} = f(x).$$

La dérivée de $F(x)$ est donc bien $f(x)$: c'est ce que nous nous proposions d'établir.

3. **Généralités sur le calcul intégral.** — Précisément le calcul intégral a pour objet, $f(x)$ étant donné, d'arriver à $F(x)$, c'est-à-dire à la fonction primitive dont $f(x)$ est la dérivée. Le but du calcul intégral est donc l'inverse du but du calcul différentiel. D'ailleurs, tandis que nous avons appelé $F'(x)\,dx$ la *différentielle* de $F(x)$, nous appellerons $F(x)$ *l'intégrale* de $F'(x)\,dx$. Le calcul différentiel passe de l'intégrale à la différentielle, de $F(x)$ à $F'(x)\,dx$; le calcul intégral, au contraire, passe de la différentielle

à l'intégrale, de $F'(x)\,dx$ à $F(x)$. Dans le premier cas, on procède par *différentiation* et dans le second par *intégration*. Le symbole de la différentiation est d, celui de l'intégration $\int$, ce qui s'énonce « somme de ». Sachant que

$$d(3x^3) = 9x^2dx,$$

nous pouvons écrire

$$\int 9x^2dx = 3x^3,$$

ou encore, puisque

$$dF(x) = F'(x)\,dx$$

exprime de la façon la plus générale le processus du calcul différentiel,

$$\int F'(x)\,dx = F(x) \qquad\qquad (1)$$

exprime le processus du calcul intégral.

Ces deux équations constatent un même fait de deux points de vue différents. La première signifie : la différentielle de $F(x)$ est $F'(x)\,dx$; la seconde : la fonction dont la différentielle est $F'(x)\,dx$ est $F(x)$, ce qui est la même chose.

La forme la plus simple de la relation (1) est

$$\int dx = x.$$

4.**Infinité des intégrales par rapport à une fonction donnée.** — Dans le premier numéro de ce chapitre, nous avons montré qu'une fonction donnée comporte une infinité de fonctions primitives. Cela peut s'énoncer également de la façon suivante : *une fonction donnée comporte une infinité d'intégrales.*

Ainsi, lorsque nous avons

$$d(3x^3) = 9x^2dx,$$

il s'ensuit que $\qquad \int 9x^2 dx = 3x^3.$

Mais $\qquad d(3x^3 + 15) = 9x^2 dx.$

Donc $\qquad \int 9x^2 dx = 3x^3 + 15.$

Cela montre, une fois de plus, que l'intégrale de $9x^2 dx$ (ou la primitive de $9x^2$) peut être soit $3x^3$, soit $3x^3 + 15$, soit même $3x^3$ plus n'importe quelle constante. On peut donc considérer comme générale la formule

$$\int F'(x)\, dx = F(x) + K,$$

K étant une constante arbitraire quelconque.

5. **Intégrale d'une fonction algébrique simple.** — Admettons qu'il s'agisse de trouver

$$\int ax^n dx.$$

La règle est la suivante : *Pour intégrer les fonctions algébriques simples, il faut augmenter l'exposant de 1 et diviser le coefficient par l'exposant ainsi accru. Au produit obtenu, il n'y a plus qu'à ajouter une constante arbitraire pour avoir l'intégrale demandée.*

Donc $\qquad \int ax^n dx = \dfrac{ax^{n+1}}{n+1} + K.$

En effet

$$d\left(\frac{ax^{n+1}}{n+1} + K\right) = \frac{(n+1)ax^n}{n+1}\, dx = ax^n dx$$

Par exemple

$$\int 9x^6 dx = \frac{9x^7}{7} + K.$$

En effet

$$d\left(\frac{9x^7}{7} + K\right) = \frac{(7 \times 9)x^6}{7}\, dx = 9x^6 dx.$$

6. Détermination et élimination de la constante arbitraire. — On pourrait croire que, par suite de l'existence d'une constante arbitraire, le calcul intégral conduit à des résultats très vagues et qu'il est à peu près dépourvu d'utilité. Nous allons voir qu'il n'en est rien.

D'une part, l'étude des intégrales définies permet de ne pas se préoccuper de la constante, ou, plutôt, de ne pas avoir besoin de la déterminer[1].

D'autre part, des renseignements provenant d'une autre source nous rendent capables, dans certains cas particuliers, de préciser cette constante[2].

Enfin, l'ignorance où l'on se trouve de la constante permet néanmoins d'arriver à d'intéressants résultats puisque, quelle qu'elle soit, nous pouvons connaître, tout au moins, la forme de la courbe.

En ce qui concerne cette dernière proposition, quelques développements sont indispensables.

Admettons, en effet, que nous ayons l'équation :

$$y = F(x) + K.$$

$F'(x)$ nous indique la pente de cette courbe pour n'importe quelle valeur de x; K n'a aucune importance au point de vue de cette pente, puisque sa dérivée est nulle. K n'a d'autre intérêt que de permettre la détermination verticale de la courbe, d'indiquer si elle se trouve plus haut ou plus bas; mais K n'a rien à faire avec la forme de la courbe.

1. Voir même chapitre, n° 14.
2. Voir même chapitre, n° 7.

7. Exemple mécanique de détermination de la constante arbitraire. — Nous allons nous servir, maintenant, d'un exemple mécanique qui nous aidera à voir comment on peut justifier la seconde proposition du n° précédent. Cet exemple, très clair, est emprunté à l'ouvrage précité de M. Fisher [1].

Comme nous l'avons vu plus haut, la chute des corps a lieu suivant la loi :

$$s = 16t^2. \tag{1}$$

Nous en avons tiré la formule :

$$\frac{ds}{dt} = 32t, \tag{2}$$

qui indique la dérivée en un point quelconque.

Le calcul différentiel nous a permis de passer de la formule (1) à la formule (2). Le calcul intégral va-t-il nous permettre de passer de la formule (2) à la formule (1)?

L'équation (2) peut s'écrire sous la forme différentielle :

$$ds = 32t\,dt,$$

plus commode au point de vue du calcul intégral.

Intégrons, d'après les indications du n° 5 de ce chapitre; nous obtenons :

$$s = \int 32t\,dt = \frac{32t^2}{2} + K = 16t^2 + K. \tag{3}$$

L'égalité (2), que nous avons prise comme point de départ, ne nous permet pas de déterminer la valeur de K; mais nous pouvons évaluer K d'après des données extérieures.

1. Fisher, *op. cit.*, pp. 60-61.

Par exemple, si nous savons que s est mesuré depuis le point de départ de la chute, nous savons que, quand t était nul, s devait nécessairement être nul.

Mettons $s = 0$ et $t = 0$ dans l'égalité (3). Nous aurons :

$$0 = 0 + K.$$

D'où :
$$K = 0.$$

Substituons cette valeur de K dans la relation (3), nous obtenons, comme équation définitive :

$$s = 16t^2.$$

Nous devons toutefois faire observer que K n'est pas toujours nul. En fait, dans l'exemple ci-dessus, nous pouvons calculer la distance parcourue s, non plus à partir du point de départ, mais à partir d'un point distant, de 27 pieds par exemple, du point de départ.

Nous savons alors que, lorsque :

$$t = 0, \quad s = 27.$$

Mettons $t = 0$, et $s = 27$ dans l'égalité (3). Nous aurons :

$$27 = 0 + K$$

ou :
$$K = 27.$$

La relation (3) devient alors :

$$s = 16t^2 + 27.$$

La valeur de K dépend donc seulement de l'endroit à partir duquel nous mesurons s.

8. **Signification géométrique des intégrales.** — Nous avons vu, dans le n° 2 de ce chapitre, que la fonction primitive $F(x)$ d'une fonction $f(x)$ constituée par une ordonnée est elle-même constituée par une aire. L'or-

donnée est donc la dérivée de l'aire par rapport à l'abscisse. On a donc :

$$f(x) = \frac{d\mathrm{F}(x)}{dx}.$$

En conséquence, si nous voulons donner la représentation graphique d'une fonction quelconque et de sa dérivée, nous pouvons représenter la fonction soit par l'ordonnée y de la courbe, soit par son aire, tandis que sa dérivée sera représentée soit par la pente de la courbe, soit par son ordonnée y.

En effet, de même que l'ordonnée (y ou $f(x)$) est la dérivée de l'aire ($\mathrm{F}(x)$), de même la pente de la courbe ($f'(x)$) est la dérivée de l'ordonnée (y ou $f(x)$).

Suivant les cas, les économistes se servent de l'une ou de l'autre de ces figurations. Ainsi JEVONS représente l'objet de consommation par l'abscisse x et l'utilité totale de cet objet par l'aire z, de sorte que l'ordonnée y représente l'utilité finale, c'est-à-dire la dérivée de l'utilité totale par rapport à l'objet [1]. AUSPITZ et LIEBEN, par contre, représentent l'utilité totale par l'ordonnée et l'utilité marginale par la pente de leurs courbes [2].

9. **Théorèmes généraux d'intégration.** — De même qu'il existe des théorèmes généraux de différentiation, de même il existe des théorèmes généraux d'intégration. Les deux plus importants sont les suivants :

$$\int \mathrm{K} f(x)\,dx = \mathrm{K} \int f(x)\,dx \qquad (1)$$

et
$$\int [f_1(x) \pm f_2(x) \pm \ldots]\,dx = \int f_1(x)\,dx \pm \int f_2(x)\,dx \pm \ldots \qquad (2)$$

1. JEVONS, *op. et trad. cit.*, pp. 110-113.
2. AUSPITZ et LIEBEN, *op. cit.*

La preuve de l'égalité (1) est très facile à fournir : l'intégrale du membre droit est

$$K[F(x) + C],$$

ou

$$KF(x) + KC,$$

ou

$$KF(x) + C',$$

$F(x)$ étant la primitive de $f(x)$ et C une constante arbitraire. C' peut tout aussi bien s'écrire C, puisque la valeur de C est n'importe laquelle.

L'intégrale du membre gauche est également

$$KF(x) + C,$$

puisque, différentiée, cette expression donne

$$Kf(x)dx.$$

La preuve de l'égalité (2) est tout aussi aisée. Si nous désignons par les symboles $F_1(x)$, $F_2(x)$, ... les primitives de $f_1(x)$, $f_2(x)$, ... il est évident que l'intégrale du membre droit est

$$[F_1(x) + C_1] \pm [F_2(x) + C_2] \pm \ldots,$$

ou

$$F_1(x) \pm F_2(x) \pm \ldots + C.$$

C étant égal à $C_1 + C_2 + \ldots$, est, par conséquent, une constante arbitraire.

L'intégrale du membre gauche de la relation (2) est aussi

$$F_1(x) \pm F_2(x) \pm \ldots + C,$$

puisque la différentielle de cette expression est

$$d[F_1(x) \pm F_2(x) \pm \ldots + C] = dF_1(x) \pm dF_2(x) \pm \ldots$$
$$= f_1(x)dx \pm f_2(x)dx \pm \ldots = [f_1(x) \pm f_2(x) \pm \ldots]dx.$$

Prenons maintenant un exemple numérique nous permettant d'appliquer ces deux théorèmes. Soit, par exemple,

$$(h + 2)(cx^4 dx + kx^6 dx).$$

Si nous voulons intégrer cette quantité, nous pouvons poser

$$\int (h + 2)(cx^4 dx + kx^6 dx) = (h + 2) \int (cx^4 dx + kx^6 dx)$$
$$= (h + 2)\left(\int cx^4 dx + \int kx^6 dx \right)$$
$$= (h + 2)\left(\frac{c x^5}{5} + C_1 + \frac{k x^7}{7} + C^2 \right)$$
$$= (h + 2)\left(\frac{c}{5} x^5 + \frac{k}{7} x^7 + C \right).$$

10. Intégrales doubles, triples, etc. — De même que l'on obtient, par dérivation successive, des dérivées du deuxième, du troisième,... degrés, de même l'on obtient, par intégration successive, des intégrales doubles, triples, etc.

Admettons que nous intégrions $\int f(x) dx$, et que nous obtenions $f_1(x)$, que $\int f_1(x) dx$ donne $f_2(x)$, que $\int f_2(x) dx$ donne $f_3(x)$, et ainsi de suite.

$f_2(x)$ étant l'intégrale de l'intégrale de $f(x)$, nous pouvons poser

$$f_2(x) = \int \left[\int f(x) dx \right] dx,$$

ce qui s'écrit $\qquad \int \int f(x) dx^2.$

De même, $\qquad f_3(x),$

ou $\qquad \int \left\{ \int \left[\int f(x) dx \right] dx \right\} dx,$

s'écrira $\qquad \int \int \int f(x) dx^3.$

11. Exemple mécanique d'intégrale double[1]. — Étant

---

1. Comme les exemples mécaniques précédents, cet exemple est extrait de FISHER, *op. cit.*, p. 69.

donné la chute d'un corps, supposons que nous ne connaissions pas dès l'abord les formules $s = 16t^2$ et $\dfrac{ds}{dt} = 32\,t$, mais que nous sachions seulement que $\dfrac{d^2s}{dt^2} = 32$. Nous ne savons donc qu'une seule chose, c'est que l'accélération du corps est une constante donnée que nous appellerons g.

L'équation

$$\frac{d^2s}{dt^2} = g$$

signifie, nous le savons,

$$\frac{d\left(\dfrac{ds}{dt}\right)}{dt} = g$$

ou

$$d\left(\frac{ds}{dt}\right) = g\,dt.$$

Il s'agit, par exemple, de connaître s, c'est-à-dire l'espace parcouru. Pour cela, il faut intégrer deux fois.

La première intégration donne

$$\frac{ds}{dt} = gt + \text{C}, \tag{1}$$

d'où nous tirons $\qquad ds = gt\,dt + \text{C}\,dt.$

La deuxième intégration donne à son tour

$$s = \frac{1}{2}gt^2dt + \text{C}t + \text{K}. \tag{2}$$

Il nous reste à déterminer les deux constantes arbitraires C et K. Si la distance s est mesurée du point de départ, s et t disparaissent en même temps. Substituons-leur zéro dans l'équation (2) nous obtenons

$$0 = 0 + 0 + \text{K},$$

ou
$$K = 0.$$

Pour trouver la valeur de C, prenons l'égalité (1) et supposons que le corps tombe, non pas du repos, mais avec une vitesse initiale de u pieds par seconde; si t est nul, on aura

$$\frac{ds}{dt} = u.$$

Mais

$$\frac{ds}{dt} = 0 + C,$$

dans l'équation (1); donc

$$u = 0 + C = C.$$

Remplaçons C par u et K par 0 dans la relation (2); nous aurons

$$s = \frac{1}{2} g t^2 + ut,$$

équation générale de la chute des corps.

Pour arriver à ce résultat, nous aurions pu poser, en partant de l'équation

$$\frac{d^2 s}{dt^2} = g,$$
$$s = \int\int d^2 s = \int\int g\, dt^2$$
$$= \int (gt + C)\, dt$$
$$= \frac{1}{2} g t^2 + Ct + K.$$

12. Intégration par substitution. — L'*intégration par substitution* est un artifice d'intégration qui consiste à substituer à la variable indépendante une autre variable qui lui est reliée par un rapport quelconque.

Supposons, par exemple, que l'on remplace x par une

fonction donnée $\varphi(t)$ d'une nouvelle variable t; nous avons

$$dx = \varphi'(t)dt,$$

et, par conséquent,

$$f(x)dx = f[\varphi(t)]\varphi'(t)dt.$$

Il arrive souvent, par suite d'un choix convenable de la fonction $\varphi(t)$, que l'expression ainsi obtenue est simple et qu'il est facile de trouver la fonction $\Phi(t)$ dont elle est la dérivée. Cette fonction et l'intégrale $F(x)$ de $f(x)$ ayant la même dérivée ne diffèrent alors que par une constante. C'est ce que l'on exprime par l'égalité

$$\int f(x)dx = \int f[\varphi(t)\varphi'(t)dt].$$

Il suffit de remplacer t dans $\Phi(t)$ par sa valeur en fonction de x pour obtenir l'intégrale de $f(x)$.

Par exemple, si nous avons à intégrer :

$$\int (a + bx)^n dx,$$

nous pouvons remplacer l'expression comprise entre les parenthèses par une seule lettre, t par exemple. Au lieu de dx, nous aurons dt. Il s'agira donc d'intégrer :

$$\int t^n dt,$$

ce qui donne, comme résultat,

$$\frac{t^{n+1}}{n+1} + C.$$

Or, par hypothèse,

$$t = a + bx.$$

Si nous différentions, nous obtenons :

$$dt = bdx,$$

d'où nous tirons :
$$dx = \frac{dt}{b}.$$

Par conséquent :

$$\int (a + bx)^n dx = \int t^n \frac{dt}{b} = \int \frac{1}{b} t^n dt$$

$$= \frac{1}{b} \int t\, dt = \frac{1}{b} \frac{t^{n+1}}{n+1} + C = \frac{1}{b} \frac{(a + bx)^{n+1}}{n+1} + C,$$

b et C étant des constantes.

13. Intégration par parties. — *L'intégration par parties* est un artifice d'intégration basé sur la formule qui donne la dérivée d'un produit, c'est-à-dire sur la formule :

$$\frac{d(uv)}{dx} = u'v + v'u,$$

d'où l'on tire la formule de la différentielle d'un produit :

$$d(uv) = (u'v + v'u)dx.$$

Cette égalité peut s'écrire :

$$d(uv) = u'vdx + v'udx.$$

Mais : $u'dx = du$ et $v'dx = dv$.

Donc : $d(uv) = vdu + udv$.

Si nous intégrons les deux membres de cette équation,
nous avons : $uv = \int vdu + \int udv$,

d'où l'on tire : $\int vdu = uv - \int udv.$ (1)

Telle est la formule de l'intégration par parties. Elle a pour but de réduire le calcul de $\int vdu$ au calcul de $\int udv$.

Si, par exemple, nous avons à intégrer :

$$\int x \sin x dx,$$

nous pouvons poser :

$$x = u \quad \text{et} \quad dv = \sin x dx.$$

Différentions : $x = u,$

nous obtenons : $du = dx.$

D'autre part, $dv = \sin x\, dx$

se réduit à : $v = -\cos x.$

La formule (1) nous permet de poser :

$$\int x \sin x\, dx = -x \cos x - \int(-\cos x)dx$$
$$= -x \cos x + \sin x + C.$$

14. Notions élémentaires sur les intégrales définies. — Jusqu'ici nous n'avons étudié que les *intégrales indéfinies*; nous allons maintenant nous occuper des *intégrales définies*, c'est-à-dire des intégrales comprises entre deux limites; elles vont nous permettre de mesurer une aire, comprise entre deux limites AP et MQ (fig. 18).

Cette aire est la différence entre les surfaces OQMB et OPAB. La première est la valeur de $\int f(x)dx$, quand OQ (ou x_2) est mis, dans l'intégrale, à la place de x; la seconde est la valeur de la même intégrale pour $x = OP$ (ou x_1). Cette différence s'exprime de la façon suivante :

$$\int_{x=x_1}^{x=x_2} f(x)dx;$$

c'est ce que l'on appelle une *intégrale entre limites* ou *intégrale définie*.

Cette épithète *définie* signifie que l'intégrale ainsi qualifiée ne contient pas de constante arbitraire, cette constante disparaissant quand l'une des deux intégrales indéfinies est soustraite de l'autre.

Par exemple, quand on a :

$$\int f(x)dx = F(x) + C,$$

$$\int_{x=x_1}^{x=x_2} f(x)dx$$

signifie : $\qquad$ $F(x_2) + C - [F(x_1) + C]$

ce qui se réduit à : $\qquad$ $F(x_2) - F(x_1),$

C ayant la même valeur dans les deux intégrales.

Si la courbe en question est la courbe $3x^2 + 10$, l'aire comprise entre cette courbe, l'axe des x et les deux verticales élevées en $x = 2$ et $x = 6$ a pour surface :

$$\int_{x=2}^{x=6} (3x^2 + 10)dx = [x^3 + 10x + C]_{x=6} - [x^3 + 10x + C]_{x=2}$$

$$= 6^3 + 60 + C - 2^3 - 20 - C$$

$$= 216 + 60 - 8 - 20,$$

$$= 248.$$

Les deux C s'éliminent puisque, comme il s'agit d'une seule et même courbe et que l'aire est mesurée à partir de la même verticale, il n'y a pas lieu de s'occuper de savoir quelle est cette verticale.

Notons que : $\qquad$ $\displaystyle\int_{x=2}^{x=6} f(x)dx$

s'emploie sous la forme abrégée :

$$\int_2^6 f(x)dx.$$

15. Exemples économiques d'intégrales définies. — Voici un exemple très simple, tiré du traité de M. MAR-SHALL[1], montrant comment l'on peut employer en économie politique les intégrales définies.

Si y représente le prix auquel une quantité x d'une

1. MARSHALL, *trad. cit.*, II, pp. 582-583.

marchandise peut trouver plusieurs preneurs sur un marché donné, dit M. MARSHALL, et si $y = f(x)$ est l'équation de la courbe de la demande, l'utilité totale de la marchandise sera mesurée par

$$\int_{x=0}^{x=a} f(x)dx \quad \text{ou} \quad \int_0^a f(x)dx,$$

où a représente la quantité consommée.

Dans l'exemple de WALRAS, donné plus loin[1], nous aurons à nous servir de cette formule.

Si cependant une quantité b de la marchandise est nécessaire pour vivre, ajoute M. MARSHALL, $f(x)$ sera une quantité infinie ou tout au moins indéfiniment grande, pour des valeurs de x moindres que b. Nous devons donc considérer la vie comme assurée et évaluer séparément l'utilité totale de la partie de l'offre de la marchandise qui dépasse ce qui est absolument nécessaire. Cette partie est, bien entendu,

$$\int_{x=b}^{x=a} f(x)dx, \quad \text{ou} \quad \int_b^a f(x)dx.$$

16. **Exemples économiques d'intégrales définies** (*suite et fin*). — M. WICKSTEED[2] donne l'exemple suivant qui n'est autre que l'explication de la *loi d'indifférence* (fig. 19). D'après cette loi, si la quantité Oq_4 d'une marchandise doit être vendue, les quantités Oq, qq_1, q_1q_2, q_2q_3, q_3q_4 dont la somme constitue Oq_4 doivent être traitées indifféremment, c'est-à-dire vendues au même prix, en l'espèce

<hr>

1. Voir même chapitre, n° 22.
2. WICKSTEED, *op. cit.*, pp. 103-105.

au prix mesuré par $Oq_4 = p_4 m_4$. Le prix total de Oq_4 sera représenté par l'aire $p_4 q_4$. Mais le vendeur essaie de cacher le fait que la quantité à vendre est Oq_4; il procède à des ventes séparées pour tenter de s'assurer les aires successives $pq + s_1 q_1 + s_2 q_2 + s_3 q_3 + s_4 q_4$.

La limite de cette façon de procéder, dans les circonstances les plus favorables possibles, est fournie par l'aire tout entière comprise entre la courbe, les coordonnées et la perpendiculaire $q_n m_n$ (q_n représentant la dernière des séries q, q_1, q_2, ...). Si la loi d'indifférence joue complètement, le vendeur peut se considérer comme spolié, par le public, de l'aire

$$POq_n m_n - p_n q_n = Pp_n m_n,$$

puisqu'il ne reçoit que $p_n q_n$, alors qu'il eût voulu toucher $POq_n m_n$. Si, au contraire, la loi d'indifférence ne joue pas du tout, le public, à son tour, est amené à croire qu'il a été spolié de la même aire.

$$POq_n m_n - p_n q_n = Pp_n m_n,$$

puisque, la loi d'indifférence jouant, il n'eût versé que $p_n q_n$, alors qu'en réalité il a dû débourser $POq_n m_n$.

Mettons maintenant ces explications sous la forme intégrale.

Si Op ou qm est $f(Oq)$, c'est-à-dire si $y = f(x)$, l'aire en question ($POq_n m_n$) sera $\int_0^x f(x)dx$. En effet, la somme de toutes les aires rectangulaires est

$$pq + s_1 q_1 + s_2 q_2 + \cdots,$$

ou $\qquad qm \cdot Oq + q_1 m_1 \cdot qq_1 + q_2 m_2 \cdot q_1 q_2 + \cdots,$

mais
$$qm = f(Oq),$$
$$q_1m_1 = f(Oq_1),$$
$$q_2m_2 = f(Oq_2),$$

$$\cdot \quad \cdot \quad \cdot \quad \cdot \quad \cdot \quad \cdot$$

La somme des aires est donc égale à

$$f(Oq) . Oq + f(Qq_1) . qq_1 + f(Oq_2) . q_1q_2 + \cdots$$

Mais
$$Oq = qq_1 = q_1q_2 = \cdots$$

Nous pouvons appeler cette quantité l'accroissement de x ou Δx. La somme des aires rectangulaires sera

$$[f(Oq) + f(Oq_1) + f(Oq_2) + \ldots]\Delta x,$$

ou
$$\text{somme de } [f(Oq)]\Delta x,$$

ou
$$\Sigma[f(Oq)]\Delta x.$$

Comme nous le savons, si Δx devient de plus en plus petit, Δx devient dx. Et, à la limite, l'expression

$$\Sigma[f(Oq)]\Delta x \quad \text{devient} \quad \int f(Oq)dx.$$

Ce symbole signifie la limite de la somme des aires des rectangles à mesure que les bases deviennent de plus en plus petites et le nombre des rectangles de plus en plus grand.

Il nous faut en outre indiquer les limites dans lesquelles nous faisons cette somme de rectangles. Il s'agit ici, en effet, d'intégrales définies, puisque nous arrivons à un prix défini. Si nous désirons exprimer l'aire $q_1\,m_1\,m_3\,q_3$, les limites seront Oq_1 et Oq_3 et nous aurons

$$\int_{Oq_1}^{Oq_3} f(Oq)dx.$$

De même l'aire OPm_nq_n sera

$$\int_0^{Oq_n} f(Oq)dx.$$

Ces deux expressions signifient que les valeurs successivement possédées par Oq sont, respectivement, toutes les valeurs entre Oq_1 et Oq_3, ou toutes les valeurs entre 0 et Oq_n. Enfin, puisque les valeurs successives de Oq sont les valeurs successives de x, et puisque Oq_n est la dernière valeur de x que nous ayons à considérer, nous pouvons, pour l'aire OPm_nq_n, écrire l'expression

$$\int_0^x f(x)dx$$

ou, pour l'aire $q_1m_1m_nq_n$, l'expression

$$\int_{q_1m_1}^x f(x)dx,$$

en nous rappelant que x, dans $f(x)$, indique toutes les valeurs successives de la variable x, tandis que, dans $\int_0^x$ ou $\int_{q_1m_1}^x$ ou dans le symbole plus général $\int_{constante}^x$, x indique seulement la dernière des valeurs de la variable considérée.

17. Relations entre les intégrales définies et les intégrales indéfinies. — Avant d'aller plus loin dans l'étude des intégrales définies, voyons quelles relations elles ont avec les intégrales indéfinies.

Une intégrale définie $\int_a^b f(x)dx$ dépend, nous l'avons vu, de la nature de la fonction $f(x)$ et des limites d'intégration b et a. Considérons la limite supérieure b comme variable et désignons-la par x; nous obtiendrons ainsi une expression qui varie avec cette limite et que nous désignerons par

$$F(x) = \int_a^x f(x)dx.$$

La représentation géométrique des intégrales définies et des intégrales indéfinies est la même; l'expression $F(x)$, définie par l'égalité précédente, est une fonction primitive de $f(x)$; et sa dérivée $\dfrac{dF(x)}{dx}$ est égale à $f(x)$ elle-même. Nous pouvons donc énoncer ce résultat :

La dérivée d'une intégrale définie prise par rapport à sa limite supérieure considérée comme variable est égale à la fonction placée sous le signe d'intégration.

Comme de
$$\frac{dF(x)}{dx} = f(x),$$

on tire
$$dF(x) = f(x)dx,$$

on en conclut que la différentielle d'une intégrale définie dont la limite supérieure est la variable x est égale à la quantité placée sous le signe d'intégration; de là vient le nom d'*élément différentiel* donné à cette quantité. Il en résulte que l'on peut considérer une différentielle non seulement comme la partie principale d'un accroissement infiniment petit d'une fonction [1], mais encore comme un élément d'une somme dont la limite est cette fonction elle-même : les deux points de vue sont équivalents.

Nous venons de voir comment l'on passe de l'intégrale définie d'une fonction $f(x)$ à son intégrale indéfinie. En

1. Voir chapitre III, n° 14.

pratique, on suit plutôt la marche inverse; on détermine, tout d'abord, une fonction primitive de $f(x)$ et on en déduit ensuite les intégrales définies au moyen du théorème suivant qui généralise les résultats obtenus dans l'avant-dernier numéro :

Si l'on connaît une intégrale indéfinie F(x) *d'une fonction* f(x), *l'intégrale définie de cette fonction entre les limites* a *et* b *est égale à la différence* F(b) — F(a).

Nous savons en effet qu'une fonction primitive quelconque de $f(x)$ ne diffère de l'intégrale particulière $\int_a^x f(x)\,dx$ que par une constante arbitraire; l'intégrale indéfinie $F(x)$ qui est supposée connue satisfait, par conséquent, à une égalité de la forme

$$F(x) = \int_a^x f(x)\,dx + C.$$

Si nous égalisons à a la limite x, l'intégrale du second membre a ses limites confondues et s'étend sur un intervalle égal à zéro; elle est nulle par conséquent. Nous avons donc

$$F(a) = 0 + C = C. \tag{1}$$

Si, au lieu de prendre a, nous prenons b comme limite supérieure, nous avons :

$$F(b) = \int_a^b f(x)\,dx + C. \tag{2}$$

Retranchons, membre à membre, l'équation (1) de l'équation (2); nous obtenons :

$$F(b) - F(a) = \int_a^b f(x)\,dx,$$

ce qui démontre le théorème proposé.

18. Dérivée d'une intégrale définie. — Nous savons maintenant que l'intégrale définie entre a et x, $\int_a^x f(x)dx$, est égale à $F(x) - F(a)$, si par F ou indique l'intégrale indéfinie.

D'autre part, $\int_a^x f(x)dx$ est fonction de la limite supérieure x, puisque, par hypothèse, $F(a)$ est constant. Nous pouvons donc, considérant $\int_a^x f(x)dx$ comme une fonction de x, nous proposer d'en obtenir la dérivée.

Comme nous venons de le dire, nous avons :

$$\int_a^x f(x)dx = F(x) - F(a). \qquad (1)$$

Donnons à x un accroissement Δx. Nous obtenons :

$$\int_a^{x+\Delta x} f(x)dx = F(x + \Delta x) - F(a). \qquad (2)$$

Retranchons, membre à membre, l'égalité (1) de l'égalité (2); cette opération donne :

$$\int_a^{x+\Delta x} f(x)dx - \int_a^x f(x)dx = F(x + \Delta x) - F(x).$$

Divisons par Δx les deux membres de cette égalité; nous aurons :

$$\frac{\int_a^{x+\Delta x} f(x)dx - \int_a^x f(x)dx}{\Delta x} = \frac{F(x + \Delta x) - F(x)}{\Delta x}.$$

Si Δx tend vers zéro comme limite, nous avons :

$$\lim \frac{\int_a^{x+\Delta x} f(x)dx - \int_a^x f(x)dx}{\Delta x} = \lim \frac{F(x + \Delta x) - F(x)}{\Delta x}.$$

Or, le premier membre de cette équation est la dérivée de $\int_a^x f(x)dx$ et le second membre la dérivée de F(x), c'est-à-dire F'(x).

Mais comme, par hypothèse, F(x) a pour différentielle $f(x)dx$, il a pour dérivée $f(x)$. Donc :

$$F'(x) = f(x).$$

Par conséquent, la dérivée d'une intégrale définie, regardée comme fonction de la limite supérieure, est égale à la fonction sous le signe $\int$, calculée pour cette valeur de la variable qui est la limite supérieure de l'intégrale.

19. Exemples numériques du calcul des intégrales définies. — Si, par exemple, nous avons à intégrer :

$$\int_0^a x^m dx,$$

comme :

$$\int x^m dx = \frac{x^{m+1}}{m+1} + C,$$

nous avons :

$$\int_0^a x^m dx = \frac{a^{m+1}}{m+1} + C - \left(\frac{0^{m+1}}{m+1} + C \right) = \frac{a^{m+1}}{m+1}.$$

Soit, de même, $\int_a^b x^m dx$.

Nous pouvons poser :

$$\int_a^b x^m dx = \frac{b^{m+1}}{m+1} + C - \left(\frac{a^{m+1}}{m+1} + C \right) = \frac{b^{m+1} - a^{m+1}}{m+1}.$$

Prenons enfin un exemple chiffré.

Si nous avons à intégrer :

$$\int_1^5 3x^2 dx,$$

comme :

$$\int 3x^2 dx = \frac{3x^3}{3} + C = x^3 + C,$$

nous avons :

$$\int_1^5 3x^2 dx = 5^3 - 1^3 = 124.$$

20. Exemple du calcul des intégrales définies tiré de la théorie de l'impôt. — M. Cohen Stuart se sert des intégrales définies pour rechercher sa formule de l'impôt progressif[1]. Il part de ces deux principes que l'impôt doit être *proportionnel* à l'utilité du revenu des contribuables et que le degré d'utilité d'un revenu est *inversement proportionnel* à son montant.

Le problème qui se pose est le suivant : étant donné un pourcentage proportionnel α que l'on se propose de prélever sur la valeur-utilité des revenus, étant donné d'autre part un revenu x, quel sera le pourcentage en argent p prélevé sur ce revenu?

Degré d'utilité inversement proportionnel au montant du revenu, cela signifie que le produit de x, ou montant du revenu, par y, ou degré d'utilité, est une constante. On peut donc poser

$$xy = a,$$

a étant la constante en question.

Divisons par x les deux membres de cette équation; nous avons

$$y = \frac{a}{x} = a \times \frac{1}{x} = ax^{-1}.$$

1. Cohen Stuart, *op. cit.*, pp. 201-203.

Pour calculer le taux en argent p qui doit prélever le même pourcentage en utilité α de l'utilité totale du revenu, il faut procéder de la façon suivante :

La somme totale S de l'utilité d'un revenu x est constituée par l'aire comprise entre la courbe de l'utilité, l'axe des x et les perpendiculaires en m et en x, m étant le minimum d'existence. On peut donc écrire

$$S = \int_m^x y\,dx = \int_m^x ax^{-1}dx = \int ax^{-1}dx - \int am^{-1}dx.$$
$$= a\,[Lx + C - (Lm + C)] = a(Lx - Lm).$$
$$= \frac{a(\log x - \log m)}{\log e} = \frac{a}{\log e}(\log x - \log m).$$

Bref $$S = \frac{a}{\log e}(\log x - \log m).$$

Si nous prélevons un même pourcentage α d'utilité sur les deux membres de cette dernière équation, il reste

$$S\left(1 - \frac{\alpha}{100}\right) = \left(1 - \frac{\alpha}{100}\right)\frac{a}{\log e}(\log x - \log m).$$

Appelons z le montant qui reste du revenu, déduction faite du taux en argent $\frac{p}{100}x$, qui reste après déduction du taux d'utilité $\frac{\alpha}{100}$S. L'utilité qui reste après déduction du taux d'argent $\frac{p}{100}x$ est la même que celle qui reste après déduction du taux d'utilité $\frac{\alpha}{100}$S appliqué à l'utilité totale S du revenu x.

On a donc

$$\frac{a}{\log e}(\log z - \log m) = \left(1 - \frac{\alpha}{100}\right)\frac{a}{\log e}(\log x - \log m),$$

$$\log z - \log m = \left(1 - \frac{\alpha}{100}\right)(\log x - \log m),$$

$$\log z - \log m = \log x - \frac{\alpha}{100}\log x - \log m + \frac{\alpha}{100}\log m,$$

$$\log z = \log x - \frac{\alpha}{100}\log x + \frac{\alpha}{100}\log m,$$

$$\log z = \log x + \frac{\alpha}{100}(\log m - \log x).$$

D'où l'on tire
$$z = x\left(\frac{m}{x}\right)^{\frac{\alpha}{100}}.$$

Mais on a, d'autre part,
$$z = \left(1 - \frac{p}{100}\right)x.$$

On peut donc poser

$$\left(1 - \frac{p}{100}\right)x = x\left(\frac{m}{x}\right)^{\frac{\alpha}{100}},$$

$$1 - \frac{p}{100} = \left(\frac{m}{x}\right)^{\frac{\alpha}{100}},$$

$$\frac{p}{100} = 1 - \left(\frac{m}{x}\right)^{\frac{\alpha}{100}},$$

$$p = 100\left[1 - \left(\frac{m}{x}\right)^{\frac{\alpha}{100}}\right]. \tag{1}$$

21. Exemple du calcul des intégrales définies tiré de la théorie de l'impôt (*suite et fin*). — **Applications numé-**

riques. — Voici maintenant deux exemples numériques, donnés par M. Cohen Stuart[1], d'application de sa formule.

1° Si $m = 500$ et $\alpha = 2$, quel pourcentage p devra-t-on faire payer à $x = 3\,000$?

La formule (1) du numéro précédent nous permet de poser

$$p = 100\left[1 - \left(\frac{500}{3\,000}\right)^{\frac{2}{100}}\right]. \tag{1}$$

Pour résoudre $\left(\dfrac{500}{3\,000}\right)^{\frac{2}{100}}$, l'emploi des logarithmes est nécessaire.

$$\log\left(\frac{500}{3\,000}\right)^{\frac{2}{100}} = \frac{2}{100}\log\frac{500}{3\,000} = \frac{2}{100}\log 500 - \frac{2}{100}\log 3\,000.$$

Or
$$\frac{2}{100}\log 500 = 0\,08398,$$

et
$$\frac{2}{100}\log 3\,000 = 0\,06954.$$

Donc $\dfrac{2}{100}\log 500 - \dfrac{2}{100}\log 3\,000 = 9\,98444 - 10.$

Bref
$$\left(\frac{500}{3\,000}\right)^{\frac{2}{100}} = 0\,9652.$$

Remplaçons, dans l'équation (1), $\left(\dfrac{500}{3\,000}\right)^{\frac{2}{100}}$ par sa valeur, nous obtenons

$$p = 100\,(1 - 0\,9652) = 3,48.$$

<hr>

1. COHEN STUART, *op. cit.*, pp. 130-132.

La solution du problème est celle-ci : Pour faire payer, à un revenu de 3 000, 2 p. 100 de sa valeur subjective, le minimum d'existence étant de 500, il faut lui faire payer 3,48 p. 100 de son montant.

2° Si $m = 250$ et $p = 2$, quel pourcentage α de sa valeur subjective prélèvera-t-on sur un revenu $x = 2\,200$?

La formule (1) nous permet de poser

$$2 = 100 \left[1 - \left(\frac{250}{2\,200} \right)^{\frac{\alpha}{100}} \right],$$

d'où l'on tire $\left(\dfrac{250}{2\,200} \right)^{\frac{\alpha}{100}} = 1 - \dfrac{2}{100} = 0,98.$

En employant les logarithmes, on peut poser

$$\frac{\alpha}{100} \log \frac{250}{2\,200} = \log 0,98,$$

ou $\quad \alpha = 100 \dfrac{\log 0,98}{\log 250 - \log 2\,200} = 100 \dfrac{- \log 0,98}{\log 2\,200 - \log 250}.$

Or $\qquad\qquad\qquad \log 2\,200 = 3\,34243,$

et $\qquad\qquad\qquad \log 250 = 2\,39794.$

Donc $\qquad \log 2\,200 - \log 250 = 0\,94449.$

D'autre part, $\quad \log 0,98 = 9\,99123 - 10 = 0,00877.$

Bref, $\quad \alpha = \dfrac{0,00877}{0,94449} = 0,009285$ ou $0,9285$ pour cent.

La solution du problème est donc celle-ci : Si l'on fait payer, à un revenu de 2 200, 2 p. 100 de son montant, le minimum exempt étant de 250, on prélève ainsi 0,9285 p. 100 de sa valeur subjective.

22. Exemple économique du calcul des intégrales définies. — WALRAS se sert des intégrales définies pour arriver à la formule de l'utilité effective maximum [1].

Soient A et B deux marchandises dont on étudie l'échange, q la quantité totale de ces deux marchandises consommée par un individu quelconque, $\varphi_a(q)$ et $\varphi_b(q)$ les ophélimités élémentaires de A et de B pour cet individu, correspondant à la quantité totale de marchandise consommée A ou B.

Si nous admettons que l'ophélimité élémentaire ne dépend que de la quantité consommée de la marchandise à laquelle elle se réfère, l'ophélimité totale résultant pour notre individu de la consommation de la quantité q de A sera

$$\int_0^q \varphi_a(q)\,dq,$$

et celle résultant de la consommation de la quantité q de B

$$\int_0^q \varphi_b(q)\,dq.$$

Cela, parce que, précisément, ces deux quantités

$$\int_0^q \varphi_a(q)\,dq \quad \text{et} \quad \int_0^q \varphi_b(q)\,dq$$

ont pour dérivées respectives $\varphi_a(q)$ et $\varphi_b(q)$.

Soient maintenant d_a la quantité à demander de A et o_b la quantité à offrir de B au prix p_a de A en B, conformément à l'équation

$$d_a p_a = o_b,$$

q_b étant la quantité de B possédée par le porteur.

L'échange effectué, l'individu envisagé aura, au lieu de q_b de B, d_a de A et $q_b - o_b$ de B.

<hr>

1. LÉON WALRAS, *op. cit.*, 4ᵉ édition, 1900. Cf. surtout pp. 83-84.

L'ophélimité totale U résultant de la possession par notre individu des quantités d_a de A et $q_b - o_b$ de B sera représentée par la somme des ophélimités totales résultant de la consommation de d_a de A et de $q_b - o_b$ de B.

Or, nous l'avons vu, l'ophélimité totale résultant de la consommation de q de A et de B est donnée par les formules

$$\int_0^q \varphi_a(q)\,dq$$

et

$$\int_0^q \varphi_b(q)\,dq.$$

Nous avons donc

$$U = \int_0^{d_a} \varphi_a(q)\,dq + \int_0^{q_b - o_b} \varphi_b(q)\,dq,$$

ce qui peut également s'écrire

$$U = \Phi_a(d_a) + \Phi_b(q_b - o_b).$$

La question qui se pose pour le porteur, c'est de rendre cette somme maximum, c'est d'avoir, avec les deux produits A et B, une utilité effective totale maximum, afin qu'il puisse avoir le maximum de satisfaction.

$\Phi_a(d_a)$ représente, nous le savons, l'utilité effective totale de la quantité d de A et $\Phi_b(q_b - o_b)$ l'utilité effective totale de la quantité $q_b - o_b$ de B. Les dérivées de ces fonctions sont essentiellement décroissantes, puisque, plus on a d'une marchandise, plus son utilité marginale, c'est-à-dire sa dérivée, est faible. Le maximum cherché se présentera, pour notre échangeur, quand la somme algébrique des accroissements différentiels d'utilité, relatifs aux quantités consommées de ces deux marchandises, sera nulle; en effet, si l'on suppose ces accroissements inégaux, en même temps que de signe contraire, il y aura avantage à demander plus ou moins de la marchandise pour laquelle l'accroissement différentiel sera plus fort ou plus faible, en offrant plus ou moins de celle pour laquelle il sera plus faible ou plus fort. On peut donc poser, en prenant les différentielles des deux fonctions intégrales Φ données plus haut,

$$\Phi_a'(d_a)\,dd_a = -\,\Phi_b'(q_b - o_b)\,d(q_b - o_b),$$

ou
$$\Phi_a'(d_a)\,dd_a + \Phi_b'(q_b - o_b)\,d(q_b - o_b) = 0.$$

Or, la dérivée de $\displaystyle\int_0^{d_a}\varphi_a(q)\,dq$, prise par rapport à d_a, est égale à la quantité sous le signe pour la valeur d_a, c'est-à-dire qu'elle est égale à la quantité $\varphi_a(d_a)$. De même, la dérivée de $\displaystyle\int_0^{q_b - o_b}\varphi_b(q)\,dq$, prise par rapport à la limite supérieure $q_b - o_b$, vaut

$$\varphi_b(q_b - o_b) = \varphi_b(q_b - d_a p^a),$$

puisque
$$o_b = d_a p_a.$$

Mais comme nous voulons la dérivée par rapport à d_a, il faut multiplier $\varphi_b(q_b - d_a p_a)$ par la dérivée de $q_b - d\,p$ par rapport à d_a. Or cette dérivée de $q_b - d_a p_a$ par rapport à d_a, si l'on considère q_b comme indépendant de d_a, est $-p_a$; la dérivée par rapport à d_a de

$$\int_0^{q_b - d_a p_a}\varphi_b(q)\,dq$$

est donc
$$-p_a\,\varphi_b(q_b - d_a p_a).$$

Et la dérivée de

$$U = \int_0^{d_a} \varphi_a(q)\,dq + \int_0^{q_b-o_b} \varphi_b(q)\,dq$$

est

$$\varphi_a(d_a) - p_a\varphi_b(q_b - d_a p_a).$$

Pour que l'utilité effective soit maximum, ce qui est l'objet de ce problème, la valeur de d_a doit être celle qui annule cette expression. Il faut, pour cela, que d_a et q_a satisfassent à la condition

$$\varphi_a(d_a) - p_a\varphi_b(q_b - d_a p_a) = 0,$$

équation fondamentale de l'ouvrage de WALRAS.

La racine de cette équation dérivée correspond toujours à un maximum et non à un minimum, puisque, les fonctions $\Phi_a'(q)$ ou $\varphi_a(q)$ et $\Phi_b'(q)$ ou $\varphi_b(q)$ étant essentiellement décroissantes, la seconde dérivée

$$\varphi_a'(d_a) + p_a^2\varphi_b'(q_b - d_a p_a)$$

est négative.

TABLE DES MATIÈRES

CHAPITRE I

NOTIONS PRÉLIMINAIRES

CHAPITRE II

NOTIONS ÉLÉMENTAIRES SUR LA GÉOMÉTRIE ANALYTIQUE ET SUR LES FONCTIONS

CHAPITRE III

CALCUL DIFFÉRENTIEL

CHAPITRE IV

CALCUL INTÉGRAL

1254-10. — Coulommiers. Imp. PAUL BRODARD. — 10-10.

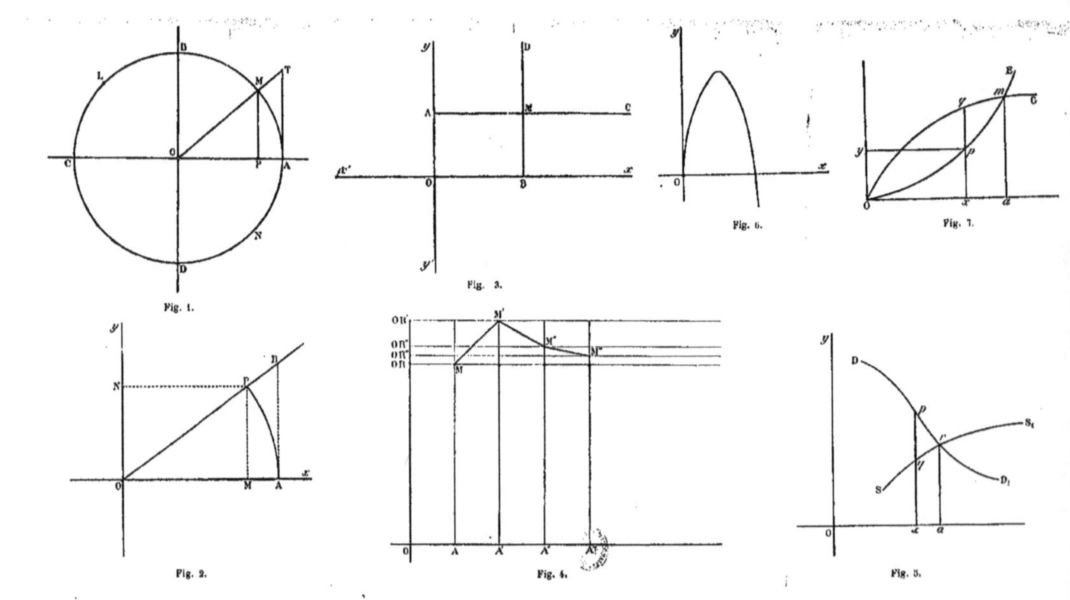
Fig. 1.
Fig. 2.
Fig. 3.
Fig. 4.
Fig. 5.
Fig. 6.
Fig. 7.

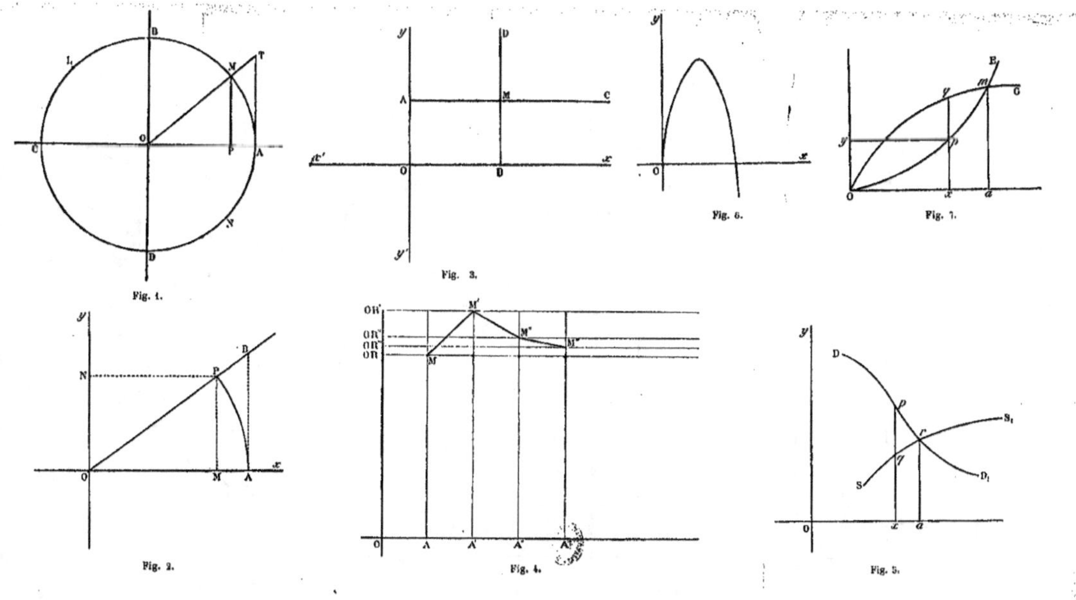

L₁
B
M
T
O
C
P
A
N
D
Fig. 1.

y
D
A
M
C
x'
O
D
x
y'
Fig. 3.

y
O
x
Fig. 6.

E
y
m
G
y'
b
O
x
a
Fig. 7.

y
D
N
P
O
M
A
x
Fig. 2.

OH'
M'
OR''
M''
OR'
OR
M
O
A
A'
A''
A'''
Fig. 4.

y
D
p
r
S₁
S
q
D₁
O
x
a
Fig. 5.

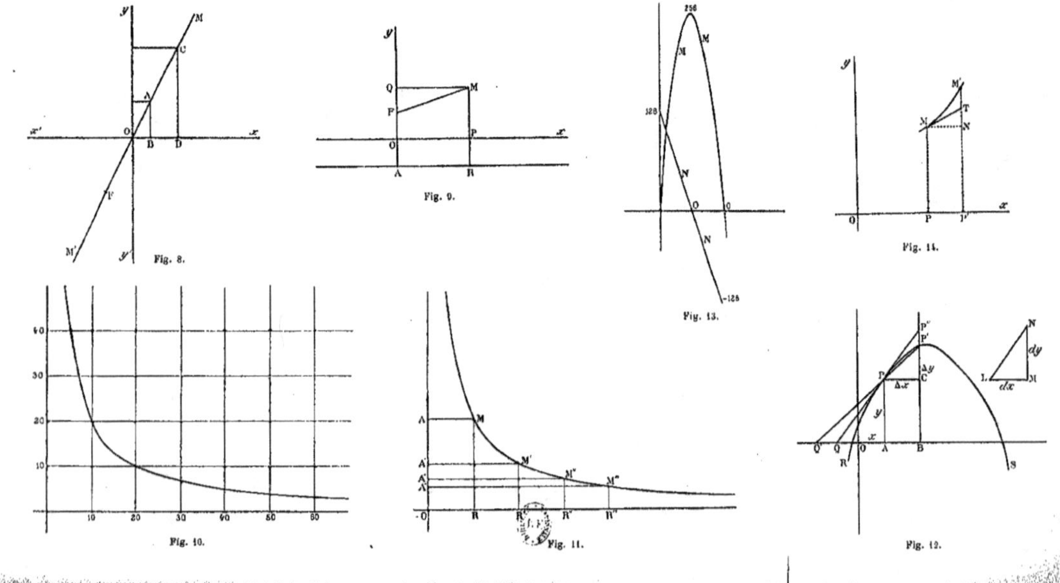

y
M
C
A
x'
O
B
D
x
y'
M'
V
Fig. 8.

y
Q
M
P
O
A
R
P
x
Fig. 9.

256
M
M
128
N
O
O
N
-128
Fig. 13.

y
M'
T
M
N
O
P
P'
x
Fig. 14.

40
30
20
10
10
20
30
40
50
60
Fig. 10.

A
M
A'
M'
A''
M''
M''
A
O
R
R'
R''
R'''
Fig. 11.

N
P''
dy
P'
dx
P
Δy
C
Δx
1
H
y
x
Q
Q'
O
A
B
S
R'
Fig. 12.

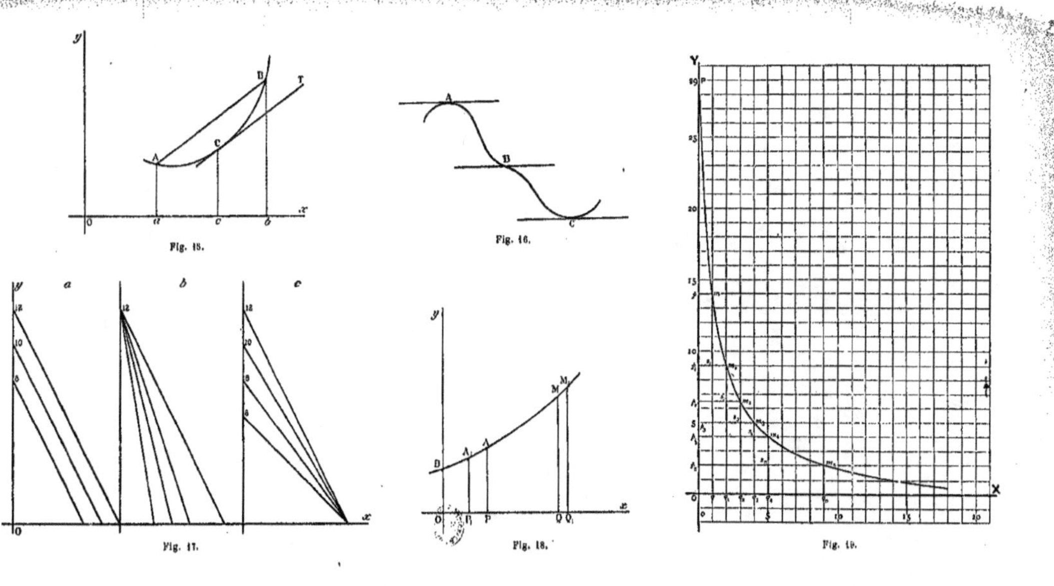

Fig. 15.

Fig. 16.

Fig. 17.

Fig. 18.

Fig. 19.

Juin 1909

FÉLIX ALCAN, ÉDITEUR

LIBRAIRIES FÉLIX ALCAN ET GUILLAUMIN RÉUNIES

108, Boulevard Saint-Germain, 108, Paris, 6ᵉ.

EXTRAIT DU CATALOGUE

SCIENCES — MÉDECINE — HISTOIRE — PHILOSOPHIE
ÉCONOMIE POLITIQUE — STATISTIQUE — FINANCES

BIBLIOTHÈQUE SCIENTIFIQUE INTERNATIONALE

PUBLIÉE SOUS LA DIRECTION DE M. ÉMILE ALGLAVE

Volumes in-8, cartonnés à l'anglaise.

Derniers volumes publiés :

CHARLTON BASTIAN. L'évolution de la vie, avec figures dans le texte et 12 planches hors texte.   6 fr.

CONSTANTIN (Cᵗᵉ). Le rôle sociologique de la guerre et le sentiment national.   6 fr.

COSTANTIN (J.). Le transformisme appliqué à l'agriculture, illustré.   6 fr.

JAVAL. Physiologie de la lecture et de l'écriture, 2ᵉ éd. illustré.   6 fr.

LALOY. Parasitisme et mutualisme dans la nature, ill. 6 fr.

LOEB. La dynamique des phénomènes de la vie, ill.   9 fr.

VRIES (HUGO DE). Espèces et variétés, 1 vol.   12 fr.

Précédemment parus :

Sauf indication spéciale, tous ces volumes se vendent 6 francs.

ANGOT. Les aurores polaires, illustré.

ARLOING. Les virus, illustré.

BAIN (ALEX.). L'esprit et le corps, 6ᵉ édition.

— La science de l'éducation, 11ᵉ édition.

BAGEHOT. Lois scientifiques du développement des nations, 7ᵉ édition.

BENEDEN (VAN). Les commensaux et les parasites dans le règne animal, 4ᵉ édition, illustré.

BERKELEY, voir COOKE.

BERNSTEIN. Les sens, 5ᵉ édition, illustré.

BERTHELOT, de l'Institut. La synthèse chimique, 9ᵉ éd.

— La révolution chimique, Lavoisier, ill., 2ᵉ édition.

BEAUNIS. Les sensations internes.

BINET. Les altérations de la personnalité.

BINET et FÉRÉ. Le magnétisme animal, 5ᵉ éd., illustré.

BLASERNA et HELMHOLTZ. **Le son et la musique, 5e éd.**

BOURDEAU (L.). **Histoire du vêtement et de la parure.**

BRUCKE et HELMHOLTZ. **Principes scientifiques des beaux-arts, 4e édition, illustré.**

BRUNACHE. **Au centre de l'Afrique; autour du Tchad, ill.**

CANDOLLE (A. de). **Origine des plantes cultivées, 4e édit.**

CARTAILHAC. **La France préhistorique, 2e éd., illustré.**

CHARLTON BASTIAN. **Le cerveau et la pensée, 2e éd., 2 vol. illustrés.**

COLAJANNI. **Latins et Anglo-Saxons.**   9 fr.

COOKE et BERKELEY. **Les champignons, 4e éd., illustré.**

COSTANTIN (J.). **Les végétaux et les milieux cosmiques** (*Adaptation, évolution*), **illustré.**

— **La nature tropicale, illustré.**

DAUBRÉE, de l'Institut. **Les régions invisibles du globe et des espaces célestes, 2e édition, illustré.**

DEMOOR, MASSART et VANDERVELDE. **L'évolution régressive en biologie et en sociologie, illustré.**

DEMENY (G.). **Les bases scientifiques de l'éducation physique, 4e éd., illustré.**

— **Mécanisme et éducation des mouvements, 3e édition, illustré.**   9 fr.

DRAPER. **Les conflits de la science et de la religion, 12e éd.**

DREYFUS. **L'évolution des mondes et des sociétés, 3e édit.**

DUMONT (Léon). **Théorie scientifique de la sensibilité, 4e éd.**

FÉRÉ, voir Binet.

FUCHS. **Les volcans et les tremblements de terre, 6e éd. ill.**

GARNIER, voir Guignet.

GELLÉ (E.-M.). **L'audition et ses organes, illustré.**

GROSSE (E.). **Les débuts de l'art, illustré.**

GRASSET (J.). **Les maladies de l'orientation et de l'équilibre, illustré.**

GUIGNET (E.) et E. GARNIER. **La céramique ancienne et moderne, illustré.**

HELMHOLTZ, voir Blaserna.

HERBERT SPENCER. **Introduction à la science sociale, 14e éd.**

— **Les bases de la morale évolutionniste, 7e édition.**

HUXLEY (Th.-H.). **L'écrevisse, 2e édition, illustré.**

JACCARD. **Le pétrole, le bitume et l'asphalte, illustré.**

LAGRANGE (F.). **Physiologie des exercices du corps, 10e éd.**

LANESSAN (de). **Introduction à la botanique,** *Le sapin,* **2e édit., illustré.**

— **Principes de colonisation.**

LE DANTEC. **Théorie nouvelle de la vie, 4e éd., illustré.**

— **Évolution individuelle et hérédité.**

— **Les lois naturelles, illustré.**

LUBBOCK. **Les sens et l'instinct chez les animaux, ill.**

MALMÉJAC. **L'eau dans l'alimentation, illustré.**

MANTEGAZZA. La physionomie et l'expression des sentiments, 3e édit., illustré, avec 8 pl. hors texte.

MASSART, voir Demoor.

MAUDSLEY. Le crime et la folie, 7e édition.

MEUNIER (Stanislas). La géologie comparée, illustré.

— Géologie expérimentale, 2e éd., illustré.

— La géologie générale, 2e édit., illustré.

MEYER (de). Les organes de la parole, illustré.

MORTILLET (G. de). Formation de la nation française, 2e édition, illustré.

MOSSO. Les exercices physiques et le développement intellectuel.

NIEWENGLOWSKI. La photographie et la photochimie, illust.

NORMAN LOCKYER. L'évolution inorganique, illustré.

PERRIER (Ed.), de l'Institut. La philosophie zoologique avant Darwin, 3e édition.

PETTIGREW. La locomotion chez les animaux, 2e éd., ill.

QUATREFAGES (A. de). L'espèce humaine, 13e édition.

— Darwin et ses précurseurs français, 2e édition.

— Les émules de Darwin, 2 vol.

RICHET (Ch.). La chaleur animale, illustré.

ROBERTY (de). La sociologie, 3e édition.

ROMANES. L'intelligence des animaux, 3e éd., 2 vol.

ROCHÉ. La culture des mers en Europe, illustré.

ROOD (O.-N.). Théorie scientifique des couleurs et leurs applications à l'art et à l'industrie, 2e édition, illustré.

SCHMIDT. Descendance et darwinisme, 6e édition.

— Les mammifères dans leurs rapports avec leurs ancêtres géologiques, illustré.

SCHUTZENBERGER, de l'Institut. Les fermentations, 6e édit. illustré.

SECCHI (Le Père). Les étoiles, 3e édit., 2 vol. illustrés.

STALLO. La matière et la physique moderne, 3e édition.

STARCKE. La famille primitive.

STEWART (Balfour). La conservation de l'énergie, 6e éd.

SULLY (James). Les illusions des sens et de l'esprit, 3e éd., ill.

THURSTON. Histoire de la machine à vapeur, 3e éd., 2 vol.

TROUESSART. Microbes, ferments et moisissures, 2e éd., illustré.

TOPINARD. L'homme dans la nature, illustré.

TYNDALL (J.). Les glaciers et les transform. de l'eau, 7e éd., ill.

VANDERVELDE, voir Demoor.

WHITNEY. La vie du langage, 4e édition.

WURTZ, de l'Institut. La théorie atomique, 8e édition.

NOUVELLE COLLECTION SCIENTIFIQUE

VOLUMES IN-16 A 3 FR. 50 L'UN

Éléments de philosophie biologique, par F. Le Dantec, chargé du cours de biologie générale à la Sorbonne. 1 vol. in-16. 2ᵉ éd. . . . . 3 fr. 50

La voix. *Sa culture physiologique. Théorie nouvelle de la phonation*, par le Dʳ P. Bonnier, laryngologiste de la clinique médicale de l'Hôtel-Dieu, 2ᵉ éd. in-16.   3 fr. 50

De la méthode dans les sciences :
  1. *Avant-propos*, par M. P.-F. Thomas, docteur ès lettres, professeur de philosophie au lycée Hoche. — 2. *De la science*, par M. Emile Picard, de l'Institut. — 3. *Mathématiques pures*, par M. J. Tannery, de l'Institut. — 4. *Mathématiques appliquées*, par M. Painlevé, de l'Institut. — 5. *Physique générale*, par M. Bouasse, professeur à la Faculté des Sciences de Toulouse. — 6. *Chimie*, par M. Job, professeur au Conservatoire des arts et métiers. — 7. *Morphologie générale*, par M. Giard, de l'Institut. — 8. *Physiologie*, par M. Le Dantec, chargé de cours à la Sorbonne. — 9. *Sciences médicales*, par M. Pierre Delbet, professeur à la Faculté de médecine de Paris. — 10. *Psychologie*, par M. Th. Ribot, de l'Institut. — 11. *Sciences sociales*, par M. Durkheim, professeur à la Sorbonne. — 12. *Morale*, par M. Lévy-Bruhl, professeur à la Sorbonne. — 13. *Histoire*, par M. G. Monod, de l'Institut. 1 vol. in-16 . . . . 3 fr. 50

L'éducation dans la famille. *Les péchés des parents*, par P.-F. Thomas, professeur. 1 vol. in-16. 2ᵉ édit. . . 3 fr. 50

La crise du transformisme, par F. Le Dantec. in-16. 3 fr. 50

COLLECTION MÉDICALE

ÉLÉGANTS VOLUMES IN-12, CARTONNÉS A L'ANGLAISE, A 4 ET A 3 FRANCS

Derniers volumes publiés :

La mimique chez les aliénés par le Dʳ G. Dromard.   4 fr.

L'amnésie, par les Dʳˢ Dromard et Levassort.   4 fr.

La mélancolie, par le Dʳ R. Masselon. 4 fr. (*Couronné par l'Académie de Médecine*).

Essai sur la puberté chez la femme, par le Dʳ Marthe Francillon.   4 fr.

Hygiène de l'alimentation dans l'état de santé et de maladie, par le Dʳ J. Laumonier, avec gravures. 3ᵉ éd.   4 fr.

Les nouveaux traitements, par *le même*. 2ᵉ édit.   4 fr.

Les embolies bronchiques tuberculeuses, par le Dʳ Ch. Sabourin; avec gravures.   4 fr.

Manuel d'électrothérapie et d'électrodiagnostic, par le Dʳ E. Albert-Weil, avec 88 gravures. 2ᵉ éd.   4 fr.

La mort réelle et la mort apparente, diagnostic et traitement de la mort apparente, par le Dʳ Icard, avec gravures.   4 fr.

L'hygiène sexuelle et ses conséquences morales, par le Dʳ S. Ribbing, prof. à l'Univ. de Lund (Suède). 3ᵉ édit.   4 fr.

Hygiène de l'exercice chez les enfants et les jeunes gens, par le D' F. LAGRANGE, lauréat de l'Institut. 8e édit. 4 fr.

De l'exercice chez les adultes, par *le même.* 6e édition. 4 fr.

Hygiène des gens nerveux, par le D' LEVILLAIN. 5e éd. 4 fr.

L'éducation rationnelle de la volonté, son emploi thérapeutique, par le D' PAUL-EMILE LÉVY. Préface de M. le prof. BERNHEIM. 6e édition. 4 fr.

L'idiotie. *Psychologie et éducation de l'idiot,* par le D' J. VOISIN, médecin de la Salpêtrière, avec gravures. 4 fr.

La famille névropathique, *Hérédité, prédisposition morbide, dégénérescence,* par le D' CH. FÉRÉ, 2e édition. 4 fr.

L'instinct sexuel. *Évolution, dissolution,* par *le même.* 2e éd. 4 fr.

Le traitement des aliénés dans les familles, par *le même.* 3e édition. 4 fr.

L'hystérie et son traitement, par le D' PAUL SOLLIER. 4 fr.

Manuel de psychiatrie, par le D' J. ROGUES DE FURSAC. 3e éd. 4 fr.

L'éducation physique de la jeunesse, par A. Mosso, professeur à l'Université de Turin. 4 fr.

Manuel de percussion et d'auscultation, par le D' P. SIMON, professeur à la Faculté de médecine de Nancy, avec grav. 4 fr.

Manuel théorique et pratique d'accouchements, par le D' A. POZZI, professeur à l'École de médecine de Reims, avec 138 gravures. 4e édition. 4 fr.

Morphinisme et Morphinomanie, par le D' PAUL RODET. (*Couronné par l'Académie de médecine.*) 4 fr.

La fatigue et l'entraînement physique, par le D' PH. TISSIÉ, avec gravures. Préface de M. le prof. BOUCHARD. 3e édition. 4 fr.

Les maladies de la vessie et de l'urèthre chez la femme, par le D' KOLISCHER ; avec gravures. 4 fr.

Grossesse et accouchement, par le D' G. MORACHE, professeur de médecine légale à l'Université de Bordeaux. 4 fr.

Naissance et mort, par *le même.* 4 fr.

La responsabilité, par *le même.* 4 fr.

Traité de l'intubation du larynx *chez l'enfant et chez l'adulte,* p.. le D' A. BONAIN, avec 42 gravures. 4 fr.

Pratique de la chirurgie courante, par le D' M. CORNET. Préface du P' OLLIER, avec 111 gravures. 4 fr.

Dans la même collection :

COURS DE MÉDECINE OPÉRATOIRE
de M. le Professeur Félix Terrier :

Petit manuel d'antisepsie et d'asepsie chirurgicales, par les D'' FÉLIX TERRIER et M. PÉRAIRE, avec grav. 3 fr.

Petit manuel d'anesthésie chirurgicale, par *les mêmes,* avec 37 gravures. 3 fr.

L'opération du trépan, par *les mêmes,* avec 222 grav. 4 fr.

Chirurgie de la face, par les D'' FÉLIX TERRIER, GUILLEMAIN et MALHERBE, avec gravures. 4 fr.

Chirurgie du cou, par *les mêmes,* avec gravures. 4 fr.

Chirurgie du cœur et du péricarde, par les D'' FÉLIX TERRIER et E. REYMOND, avec 79 gravures. 3 fr.

Chirurgie de la plèvre et du poumon, par *les mêmes,* avec 67 gravures. 4 fr.

MÉDECINE
Dernières publications :

BOUCHARDAT (les prof. A. et G.). **Nouveau Formulaire Magistral**, précédé de généralités sur l'art de formuler, de Notions sur l'emploi des contrepoisons, sur les secours à donner aux empoisonnés et aux asphyxiés, suivi d'un précis sur les eaux minérales et artificielles, de notes sur l'Opothérapie, la Sérothérapie, la Vaccination, l'Hygiène thérapeutique, le régime déchloruré, de la liste des mets permis aux glycosuriques et d'un mémorial thérapeutique. 34ᵉ édition, collationnée avec le nouveau Codex de 1908, revue et augmentée de formules nouvelles. 1 vol. in-16 cartonné. . . . . 4 fr.

BOUCHUT ET **DESPRÉS**. **Dictionnaire de médecine et de thérapeutique médicale et chirurgicale**, comprenant le résumé de la médecine et de la chirurgie, les indications thérapeutiques de chaque maladie, la médecine opératoire, les accouchements, l'oculistique, l'odontotechnie, les maladies d'oreilles, l'électrisation, la matière médicale, les eaux minérales, et un formulaire spécial pour chaque maladie, mis au courant de la science par les Drs MARION et F. BOUCHUT. 7ᵉ édition, très augmentée, 1 vol. in-4, avec 1097 fig. dans le texte et 3 cartes. Broché, 25 fr. ; relié.   30 fr.

CAMUS ET **PAGNIEZ**. **Isolement et psychothérapie**. *Traitement de la neurasthénie*. Préface du Pr DÉJERINE. 1 vol. gr. in-8.   9 fr.

CORNIL (le prof. V.). **Les tumeurs du sein**. 1 vol. gr. in-8, avec 169 fig. dans le texte.   12 fr.

CORNIL (V.), **RANVIER, BRAULT** ET **LETULLE**. **Manuel d'histologie pathologique**. 3ᵉ édition entièrement remaniée.

> TOME I, par MM. RANVIER, CORNIL, BRAULT, F. BEZANÇON et M. CAZIN. — *Histologie normale. — Cellules et tissus normaux. — Généralités sur l'histologie pathologique. — Altération des cellules et des tissus. — Inflammations. — Tumeurs. — Notions sur les bactéries. — Maladies des systèmes et des tissus. — Altérations du tissu conjonctif*. 1 vol. in-8, avec 387 gravures en noir et en couleurs.   25 fr.
>
> TOME II, par MM. DURANTE, JOLLY, DOMINICI, GOMBAULT et PHILIPPE. — *Muscles. — Sang et hématopoïèse. — Généralités sur le système nerveux*. 1 vol. in-8, avec 278 grav. en noir et en couleurs, 25 fr.
>
> TOME III, par MM. GOMBAULT, NAGEOTTE, A. RICHE, R. MARIE, DURANTE, LEGRY, F. BEZANÇON. — *Cerveau. — Moelle. — Nerfs. — Cœur. — Larynx. — Ganglion lymphatique. — Rate* 1 vol. in-8, avec 382 grav. en noir et en couleurs.   35 fr.
>
> TOME IV ET DERNIER, par MM. MILIAN, DIEULAFÉ, HERPIN, DECLOUX, CHITZMANN, COURCOUX, BRAULT, LEGRY, HALLÉ, KLIPPEL et LECAS. — *Poumon. — Bouche. — Tube digestif. — Estomac. — Intestin. — Foie. — Rein. — Vessie et urèthre. — Rate. (Sous presse. Paraîtra fin 1909)*.

CYON (E. DE). **Les nerfs du cœur**. 1 vol. gr. in-8 avec fig.   6 fr.

DESCHAMPS (A.). **Les maladies de l'énergie**. Les asthénies générales. *Épuisements, insuffisances, inhibitions*. (Clinique et Thérapeutique). Préface de M. le professeur RAYMOND. 1 vol. in-8. 2ᵉ édit. 8 fr. (*Couronné par l'Académie de médecine*).

DURET (le prof. H.). **Les tumeurs de l'encéphale**. (*Manifestations et Chirurgie*). 1 vol. grand in-8 avec 297 figures dans le texte. 20 fr.

ESTOR. (le prof.) **Guide pratique de chirurgie infantile**. 1 vol. in-8, avec 105 gravures. 2ᵉ édition, revue et augmentée.   8 fr.

FINGER (E.). **La syphilis et les maladies vénériennes**. Trad. de l'allemand avec notes par les docteurs SPILLMANN et DOYON. 3ᵉ édit. 1 vol. in-8, avec 8 planches hors texte.   12 fr.

FLEURY (Maurice de), de l'Académie de médecine. **Manuel pour l'étude des maladies du système nerveux**. 1 vol. gr. in-8, avec 132 grav. en noir et en couleurs, cart. à l'angl.   25 fr.

FRENKEL (H. S.). **L'ataxie tabétique.** *Ses origines, son traitement.* Préface de M. le Prof. RAYMOND. 1 vol. in-8. 8 fr.

HARTENBERG (P.). **Psychologie des neurasthéniques.** 2ᵉ édition. 1 vol. in-16. . . . . 3 fr. 50

HENNEQUIN ET LOEWY. **Les luxations des grandes articulations, leur traitement pratique.** 1 vol. gr. in-8, avec 125 grav. dans le texte. 16 fr.

JOFFROY (le prof.) et DUPOUY. **Fugues et vagabondage.** 1 vol. in-8 . . . . 7 fr.

LABADIE-LAGRAVE et LEGUEU. **Traité médico-chirurgical de gynécologie.** 3ᵉ édition entièrement remaniée. 1 vol. grand in-8, avec nombreuses fig., cart. à l'angl. 25 fr.

LAGRANGE (F.). **Le traitement des affections du cœur par l'exercice et le mouvement.** 1 vol. in-8, avec fig. et une carte hors texte. 6 fr.

LE DANTEC (F.). **Traité de biologie.** 1 vol. grand in-8, avec fig., 2ᵉ éd. 15 fr.

— **Introduction à la pathologie générale.** 1 fort vol. gr. in-8. 15 fr.

LÉPINE (le prof. R.). **Le Diabète sucré.** 1 vol. gr. in-8. . . 16 fr.

NIMIER (H.). **Blessures du crâne et de l'encéphale par coup de feu.** 1 vol. in-8, avec 150 fig. 15 fr.

SÉRIEUX et CAPGRAS. **Les folies raisonnantes.** 1 vol. in-8. 7 fr.

TERRIER (le prof. F.) et AUVRAY (M.). **Chirurgie du foie et des voies biliaires.** — TOME I. *Traumatismes du foie et des voies biliaires. — Foie mobile. — Tumeurs du foie et les voies biliaires.* 1901. 1 vol. gr. in-8, avec 50 gravures. 10 fr.

TOME II. *Echinococcose hydatique commune. — Kystes alvéolaires. — Suppurations hépatiques. — Abcès tuberculeux intra-hépatique. — Abcès de l'actinomycose.* 1907. 1 vol. gr. in-8, avec 47 gravures. 12 fr.

UNNA. **Thérapeutique des maladies de la peau.** Traduit de l'allemand par les Dʳˢ DOYON et SPILLMANN. 1 vol. gr. in-8. 8 fr.

PRÉCÉDEMMENT PARUS :

A. — Pathologie et thérapeutique médicales.

BERGER et LOEWY. **Les troubles oculaires d'origine génitale chez la femme.** 1 vol. in-18. 3 fr. 50

FÉRÉ (Ch.). **Les épilepsies et les épileptiques.** 1 vol. gr. in-8, avec 12 planches hors texte et 67 grav. dans le texte. 20 fr.

— **La pathologie des émotions.** 1 vol. in-8. 12 fr.

FLEURY (Maurice de), de l'Académie de médecine. **Introduction à la médecine de l'esprit.** 8ᵉ édit. 1 vol. in-8. 7 fr. 50. (*Couronné par l'Académie française et par l'Académie de médecine.*)

— **Les grands symptômes neurasthéniques.** 3ᵉ édition, revue. 1 vol. in-8. (*Couronné par l'Académie des sciences.*) 7 fr. 50

GRASSET. **Les maladies de l'orientation et de l'équilibre.** 1 vol. in-8, cart. à l'angl. 6 fr.

— **Demifous et demiresponsables.** 2ᵉ édition. 1 vol. in-8. 5 fr.

GUÉPIN. **Traitement de l'hypertrophie sénile de la prostate.** 1 vol. in-18. 4 fr. 50

JANET (P.) et RAYMOND (F.). **Névroses et idées fixes.** TOME I. — *Études expérimentales,* par P. JANET. 2ᵉ éd. 1 vol. gr. in-8, avec 68 gr. 12 fr.

TOME II. *Fragments des leçons cliniques,* par F. RAYMOND et P. JANET. 2ᵉ éd. 1 vol. grand in-8, avec 97 gravures. 14 fr.

(*Couronné par l'Académie des Sciences et par l'Académie de médecine.*)

JANET (P.) ET RAYMOND (F.). Les obsessions et la psychasthénie. Tome I. — *Études cliniques et expérimentales*, par P. Janet. 2ᵉ édit. 1 vol. gr. in-8, avec grav. dans le texte.   18 fr.

Tome II. — *Fragments des leçons cliniques*, par F. Raymond et P. Janet. 1 vol. in-8 raisin, avec 22 gravures dans le texte.   11 fr.

LAGRANGE (F.). Les mouvements méthodiques et la « mécanothérapie ». 1 vol. in-8, avec 55 gravures dans le texte.   10 fr.

— **La médication par l'exercice.** 1 vol. gr. in-8, avec 68 grav. et une planche en couleurs hors texte. 2ᵉ éd.   12 fr.

— **Le traitement des affections du cœur par l'exercice et le mouvement.** 1 vol. in-8 avec figures.   6 fr.

MARVAUD (A.). Les maladies du soldat. 1 vol. grand in-8. (*Ouvrage couronné par l'Académie des sciences.*)   20 fr.

MOSSÉ. Le diabète et l'alimentation aux pommes de terre. 1 vol. in-8.   5 fr.

SOLLIER (P.). Genèse et nature de l'hystérie. 2 vol. in-8.   20 fr.

VOISIN (J.). L'épilepsie. 1 vol. in-8.   6 fr.

B. — Pathologie et thérapeutique chirurgicales.

DE BOVIS. Le cancer du gros intestin. 1 volume in-8.   5 fr.

DELORME. Traité de chirurgie de guerre. 2 vol. gr. in-8. Tome I. 16 fr. — Tome II, 26 fr. (*Ouvrage couronné par l'Académie des sciences.*)

DURET (H.). Les tumeurs de l'encéphale. *Manifestations et chirurgie.* 1 fort vol. gr. in-8, avec 300 figures.   20 fr.

LEGUEU. Leçons de clinique chirurgicale (Hôtel-Dieu, 1901). 1 vol. grand in-8, avec 71 gravures dans le texte.   12 fr.

LIEBREICH. Atlas d'ophtalmoscopie, représentant l'état normal et les modifications pathologiques du fond de l'œil vues à l'ophtalmoscope. 3ᵉ éd. Atlas in-f° de 12 pl. en coul et texte explicatif.   40 fr.

NIMIER (H.) ET DESPAGNET. Traité élémentaire d'ophtalmologie. 1 fort vol. gr. in-8, avec 432 gravures. Cart. à l'angl.   20 fr.

NIMIER (H.) ET LAVAL. Les projectiles de guerre et leur action vulnérante. 1 vol. in-12, avec grav.   3 fr.

— **Les explosifs, les poudres, les projectiles d'exercice,** leur action et leurs effets vulnérants. 1 vol. in-12, avec grav.   3 fr.

— **Les armes blanches,** leur action et leurs effets vulnérants. 1 vol. in-12, avec grav.   6 fr.

— **De l'infection en chirurgie d'armée,** évolution des blessures de guerre. 1 vol. in-12, avec grav.   6 fr.

— **Traitement des blessures de guerre.** 1 fort vol. in-12, avec gravures.   6 fr.

F. TERRIER ET M. PÉRAIRE. Manuel de petite chirurgie. 8ᵉ édition, entièrement refondue. 1 fort vol. in-12, avec 572 fig., cartonné à l'anglaise.   8 fr.

C. — Thérapeutique. Pharmacie. Hygiène.

BOSSU. Petit compendium médical. 6ᵉ édit. in-32, cart.   1 fr. 25

BOUCHARDAT. Nouveau formulaire magistral. 31ᵉ édition. *Collationnée avec le Codex de 1908.* 1 vol. in-18, cart.   4 fr.

BOUCHARDAT ET DESOUBRY. Formulaire vétérinaire, 6ᵉ édit. 1 vol. in-18, cartonné.   4 fr.

BOURGEOIS (G.). Exode rural et tuberculose. 1 vol. gr. in-8.   5 fr.

LAGRANGE (F.). La médication par l'exercice. 1 vol. grand in-8, avec 68 grav. et une carte en couleurs. 2ᵉ éd.   12 fr.

— **Les mouvements méthodiques et la « mécanothérapie ».** 1 vol. in-8, avec 55 gravures.   10 fr.

LAHOR (Dʳ Cazalis) et Lucien GRAUX. L'alimentation à bon marché saine et rationnelle. 1 vol. in-16. 2ᵉ édit.   3 fr. 50
(Couronné par l'Institut).

D. — Anatomie. Physiologie.

BELZUNG. Anatomie et physiologie végétales. 1 fort volume in-8, avec 1700 gravures.   20 fr.

— Anatomie et physiologie animales. 10e édition revue. 1 fort volume in-8, avec 522 gravures dans le texte, broché, 6 fr. ; cart. 7 fr.

BÉRAUD (B.-J.). Atlas complet d'anatomie chirurgicale topographique, composé de 100 planches représentant plus de 200 figures gravées sur acier, avec texte explicatif. 1 fort vol. in-4.
Prix : Fig. noires, relié, 60 fr. — Fig. coloriées, relié, 120 fr.

CHASSEVANT. Précis de chimie physiologique. 1 vol. gr. in-8, avec figures.   10 fr.

DEBIERRE. Traité élémentaire d'anatomie de l'homme. Ouvrage complet en 2 volumes.   40 fr.
Tome I. *Manuel de l'amphithéâtre.* 1 vol. gr. in-8 de 950 pages, avec 450 figures en noir et en couleurs dans le texte.   20 fr.
Tome II. 1 vol. gr. in-8, avec 515 figures en noir et en couleurs dans le texte. (*Couronné par l'Académie des Sciences.*)   20 fr.

— Atlas d'ostéologie, comprenant les articulations des os et les insertions musculaires. 1 vol. in-4, avec 253 grav. en noir et en couleurs, cart. toile dorée.   12 fr.

— Leçons sur le péritoine. 1 vol. in-8, avec 58 figures.   4 fr.

— L'embryologie en quelques leçons. 1 vol. in-8, avec 111 fig. 4 fr.

— Le cerveau et la moelle épinière. 1 vol. in-8 avec fig. et planches.   15 fr.

DEMENY (G.). Mécanisme et éducation des mouvements. 3e éd. 1 vol. in-8, avec grav. cart.   9 fr.

FAU. Anatomie des formes du corps humain, à l'usage des peintres et des sculpteurs. 1 atlas in-folio de 25 planches. Prix : Figures noires, 15 fr. — Figures coloriées.   30 fr.

FÉRÉ. Travail et plaisir. *Études de psycho-mécanique.* 1 vol. gr. in-8, avec 200 fig.   12 fr.

GELLÉ. L'audition et ses organes.. 1 vol. in-8, avec grav. 6 fr.

GLEY (E.). Études de psychologie physiologique et pathologique. 1 vol. in-8 avec gravures.   5 fr.

GRASSET (J.). Les limites de la biologie. 6e édit. Préface de Paul Bourget. 1 vol. in-16.   2 fr. 50

JAVAL (E.). Physiologie de la lecture et de l'écriture. 1 vol. in-8. 2e édit.   6 fr.

LE DANTEC. L'unité dans l'être vivant. *Essai d'une biologie chimique.* 1 vol. in-8.   7 fr. 50

— Les limites du connaissable. *La vie et les phénomènes naturels.* 2e édit. 1 vol. in-8.   3 fr. 75

PREYER. Éléments de physiologie générale. Traduit de l'allemand par M. J. Soury. 1 vol. in-8.   5 fr.

RICHET (Ch.), professeur à la Faculté de médecine de Paris, membre de l'Académie de médecine. **Dictionnaire de physiologie**, publié avec le concours de savants français et étrangers. Formera 12 à 15 volumes grand in-8, se composant chacun de 3 fascicules; chaque volume, 25 fr. ; chaque fascicule, 8 fr. 50. Sept volumes parus.
Tome I (*A-Bac*). — Tome II (*Bac-Cer*). — Tome III (*Cer-Cob*). — Tome IV (*Cob-Dig*). — Tome V (*Dic-Fac*). — Tome VI (*Fiom-Gal*). — Tome VII (*Gal-Gra*). — Tome VIII (1er fascicule) (*Gra-Hém*). (2e fascicule). (*Hém-Hop*.).

SNELLEN. Échelle typographique pour mesurer l'acuité de la vision. 17e édition.   4 fr.

SPENCER (Herbert). Principes de biologie, traduit par M. Cazelles. 4e édit. 2 forts vol. in-8.   20 fr.

BIBLIOTHÈQUE GÉNÉRALE
DES SCIENCES SOCIALES

Secrétaire de la rédaction : DICK MAY, Secrét. gén. de l'Éc. des Hautes Études sociales.

Volumes in-8 carré de 300 pages environ, cart. à l'anglaise.
Chaque volume, 6 fr.

Derniers volumes publiés :

La criminalité dans l'adolescence, par G.-L. DUPRAT. (*Couronné par l'Institut*).

La nation armée, par MM. le général BAZAINE-HAYTER, C. BOUGLÉ, E, BOURGEOIS, Cᵈᵉ BOURGUET, E. BOUTROUX, A. CROISET, G. DEMENY, G. LANSON, L. PINEAU, Cᵈᵉ POTEZ, F. RAUH.

Morales et religions, par MM. G. BELOT, L. DORISON, AD. LODS, A. CROISET, W. MONOD, E. DE FAYE, A. PUECH, le baron CARRA DE VAUX, E. EHRARDT, H. ALLIER, F. CHALLAYE.

Le droit de grève, par MM. CH. GIDE, H. BERTHÉLEMY, P. BUREAU, A. KEUFER, C. PERREAU, CH. PICQUENARD, A.-E. SAYOUS, F. FAGNOT, E. VANDERVELDE.

Les trusts et les syndicats de producteurs, par J. CHASTIN. (*Récompensé par l'Institut*).

L'individu, l'association et l'État, par E. FOURNIÈRE, prof. au Conservatoire des Arts et Métiers.

Le surpeuplement et les habitations à bon marché, par H. TUROT et H. BELLAMY.

L'individualisation de la peine, par R. SALEILLES, prof. à la Faculté de droit de l'Univ. de Paris, et G. MORIN, doc. 2ᵉ édition.

L'idéalisme social, par EUGÈNE FOURNIÈRE, 2ᵉ édit.

Ouvriers du temps passé (XVᵉ et XVIᵉ siècles), par H. HAUSER, professeur à l'Université de Dijon, 3ᵉ édition.

Les transformations du pouvoir, par G. TARDE, 2ᵉ édit.

Morale sociale, par MM. G. BELOT, MARCEL BERNÈS, BRUNSCHVICG, F. BUISSON, DARLU, DAURIAC, DELBET, CH. GIDE, M. KOVALEVSKY, MAILLERT, le R. P. MAUMUS, DE ROBERTY, G. SOREL, le PASTEUR WAGNER. Préface de M. ÉMILE BOUTROUX, de l'Institut. 2ᵉ édit.

Les enquêtes, *pratique et théorie*, par P. DU MAROUSSEM.

Questions de morale, par MM. BELOT, BERNÈS, F. BUISSON, A. CROISET, DARLU, DELBOS, FOURNIÈRE, MALAPERT, MOCH, D. PARODI, G. SOREL. 2ᵉ édit.

Le développement du catholicisme social, depuis l'encyclique *Rerum Novarum*, par MAX TURMANN. 2ᵉ édit.

Le socialisme sans doctrines, par A. MÉTIN.

L'éducation morale dans l'Université, par MM. LÉVY-BRUHL, DARLU, M. BERNÈS, KORTZ, ROCAFORT, BIOCHE, PH. GIDEL, MALAPERT, BELOT.

La méthode historique appliquée aux sciences sociales, par CH. SEIGNOBOS, professeur à l'Univ. de Paris. 2ᵉ édit.

Assistance sociale. *Pauvres et mendiants*, par PAUL STRAUSS.

L'hygiène sociale, par E. DUCLAUX, de l'Institut,

Le contrat de travail. *Le rôle des syndicats professionnels*, par P. BUREAU, professeur à la Faculté libre de droit de Paris.

Essai d'une philosophie de la solidarité, par MM. Darlu, Rauh, F. Buisson, Gide, X. Léon, La Fontaine, E. Boutroux.

L'éducation de la démocratie, par MM. E. Lavisse, A. Croiset, Seignobos, Malapert, Lanson, Hadamard. 2ᵉ édit.

L'exode rural et le retour aux champs, par E. Vandervelde.

La lutte pour l'existence et l'évolution des sociétés, par J.-L. De Lanessan, ancien ministre.

La concurrence sociale et les devoirs sociaux, par le même.

La démocratie devant la science, par C. Bouglé, chargé de cours à l'Université de Paris.

L'individualisme anarchiste. *Max Stirner*, par V. Basch, chargé de cours à l'Université de Paris.

Les applications sociales de la solidarité, par MM. P. Budin, Ch. Gide, H. Monod, Paulet, Robin, Siegfried, Brouardel.

La paix et l'enseignement pacifiste, par MM. Fr. Passy, Ch. Richet, d'Estournelles de Constant, E. Bourgeois, A. Weiss, H. La Fontaine, G. Lyon.

Études sur la philosophie morale au XIXᵉ siècle, par MM. Belot, A. Darlu, M. Bernès, A. Landry, Ch. Gide, E. Berty, R. Allier, H. Lichtenberger, L. Brunschvicg.

Enseignement et démocratie, par MM. A. Croiset, Devinat, Boitel, Millerand, Appell, Seignobos, Lanson, Ch.-V. Langlois.

Religions et sociétés, par MM. Th. Reinach, A. Puech, R. Allier, A. Leroy-Beaulieu, le Bᵒⁿ Carra de Vaux, H. Dreyfus.

Essais socialistes, *La religion*, *L'alcoolisme*, *L'art*, par E. Vandervelde, professeur à l'Université nouvelle de Bruxelles.

LES MAITRES DE LA MUSIQUE

ÉTUDES D'HISTOIRE ET D'ESTHÉTIQUE

Publiées sous la direction de M. Jean Chantavoine

Collection honorée d'une souscription du Ministère des Beaux-Arts

Chaque volume in-8 de 250 pages environ, 3 fr. 50

Publiés :

Palestrina, par Michel Brenet. 2ᵉ édition.

César Franck, par Vincent d'Indy. 4ᵉ édit.

J.-S. Bach, par André Pirro. 2ᵉ édit.

Beethoven, par Jean Chantavoine. 4ᵉ édit.

Mendelssohn, par Camille Bellaigue. 2ᵉ édition.

Smetana, par William Ritter.

Rameau, par Louis Laloy. 2ᵉ éd.

Moussorgski, par M. D. Calvocoressi.

Haydn, par Michel Brenet.

Trouvères et Troubadours, par Pierre Aubry.

Wagner, par Henri Lichtenberger.

BIBLIOTHÈQUE
D'HISTOIRE CONTEMPORAINE
Volumes in-16 et in-8

DERNIERS VOLUMES PUBLIÉS :

CHALLAYE (F.). **Au Congo français.** *La question internationale du Congo.* 1 vol. in-8 . . . . 5 fr.

DEBIDOUR, prof. à la Sorbonne. **L'Église catholique et l'Etat en France sous la 3ᵉ république (1870-1906).** Tome II (1889-1906). 1 vol. in-8 . . . . 10 fr.

DRIAULT (E.). **Vue générale de l'histoire de la civilisation.** 2 vol. in-16, illustrés. *(Récompensé par l'Institut)* . . . . . . 7 fr.
— **Le monde actuel.** *Tableau politique et économique.* 1 vol. in-8. . . . . 7 fr.

FÈVRE et HAUSER. **Régions et pays de France.** 1 vol. in-8, illustré. . . . . 7 fr.

HANDELSMAN. **Napoléon et la Pologne (1806-1807).** 1 vol. in-8. . . . . 5 fr.

MAILATH (Cᵗᵉ J. de). **La Hongrie rurale, sociale et politique.** 1 vol. in-8. . . . . 5 fr.

MANTOUX (J.). **A travers l'Angleterre contemporaine.** 1 vol. in-16. Préface de G. Monod, de l'Institut. 1 vol. in-16. . . . 3 fr. 50

Socialisme à l'Etranger (Le). *Angleterre, Allemagne, Autriche, Italie, Espagne, Russie, Japon, Etats-Unis,* par MM. J. Bardoux, G. Gidel, Kinzo Goraï, G. Isambert, G. Louis-Jaray, A. Marvaud, Da Motta de San Miguel, P. Quentin-Bauchart, M. Revon, A. Tardieu. 1 vol. in-16. . . . . 3 fr. 50

Vie politique dans les Deux Mondes (La), publiées sous la direction de A. Viallate, professeur à l'Ecole des Sciences politiques. *Deuxième année (1907-1908)* 1 vol. in-8. . . . . 10 fr.

EUROPE

Histoire de l'Europe pendant la Révolution française, par *H. de Sybel.* Traduit de l'allemand par Mlle Dosquet. 6 vol. in-8. Chacun. 7 fr.

Hist. diplomatique de l'Europe (1815-1878), par *Debidour,* 2 v. in-8. 18 fr.

La question d'Orient, depuis ses origines jusqu'à nos jours, par *E. Driault;* préface de *G. Monod.* 1 vol. in-8. 3ᵉ édit. . . . . 7 fr.

La papauté, par *I. de Dœllenger.* Trad. de l'allemand. 1 vol. in-8. 7 fr.

Questions diplomatiques de 1904, par *A. Tardieu.* 1 vol. in-16. 3 fr. 50

La conférence d'Algésiras. *Histoire diplomatique de la crise marocaine (janvier-avril 1906),* par *le même.* 2ᵉ édit. 1 vol. in-8. 10 fr.

FRANCE

La révolution française, par *H. Carnot.* 1 vol. in-16. Nouv. éd. 3 fr. 50

La théophilanthropie et le culte décadaire (1796-1801), par *A. Mathiez.* 1 vol. in-8. 12 fr.

Contributions a l'histoire religieuse de la révolution française, par *le même.* 1 vol. in-16. . . . . 3 fr. 50

Mémoires d'un ministre du trésor public (1789-1815), par le comte *Mollien.* Publié par *M. Gomel.* 3 vol. in-8. . . . . 15 fr.

Condorcet et la révolution française, par *L. Cahen.* 1 vol. in-8. 10 fr.

Cambon et la révolution française, par *F. Bornarel.* 1 vol. in-8. 7 fr.

Le culte de la raison et le culte de l'être suprême (1793-1794). Étude historique, par *A. Aulard.* 2ᵉ éd. 1 vol. in-16. . . . . . . 3 fr. 50

Études et leçons sur la révolution française, par *A. Aulard.* 5 vol. in-16. Chacun . . . . 3 fr. 50

Variétés révolutionnaires, par *M. Pellet.* 3 vol. in-16. Chacun 3 fr. 50

Hommes et choses de la Révolution, par *Eug. Spuller.* 1 vol. in-16. . . . . 3 fr. 50

Les campagnes des armées françaises (1792-1815), par *C. Vallaux.* 1 vol. in-16, avec 17 cartes. . . . . 3 fr. 50

LA POLITIQUE ORIENTALE DE NAPOLÉON (1806-1808), par *E. Driault.* 1 vol. in-8. . . . . 7 fr.
NAPOLÉON ET LA SOCIÉTÉ DE SON TEMPS, par *P. Bondois.* 1 vol. in-8. 7 fr.
DE WATERLOO A SAINTE-HÉLÈNE (20 juin-16 oct. 1815), par *J. Silvestre,* 1 vol. in-16. . . . . 3 fr. 50
LE CONVENTIONNEL GOUJON, par *L. Thénard et R. Guyot* 1 vol. in-8. 5 fr.
HISTOIRE DE DIX ANS (1830-1840), par *Louis Blanc.* 5 vol. in-8. Chacun. 5 fr.
ASSOCIATIONS ET SOCIÉTÉS SECRÈTES SOUS LA DEUXIÈME RÉPUBLIQUE (1848-1851), par *J. Tchernoff.* 1 vol. in-8. . . . . 7 fr.
HISTOIRE DU SECOND EMPIRE, par *Taxile Delord.* 6 vol. in-8. Chac. 7 fr.
HISTOIRE DU PARTI RÉPUBLICAIN (1814-1870), par *G. Weill.* 1 v. in-8.   10 fr.
HISTOIRE DU MOUVEMENT SOCIAL (1852-1902), par *le même.* 1 v. in-8. 7 fr.
HISTOIRE DE LA TROISIÈME RÉPUBLIQUE, par *E. Zevort* : I. *Présidence de M. Thiers.* 1 vol. in-8. 3ᵉ édit. 7 fr. — II. *Présidence du Maréchal.* 1 vol. in-8. 2ᵉ édit. 7fr. — III. *Présidence de Jules Grévy.* 1 vol. in-8. 2ᵉ édition. 7 fr. — IV. *Présidence de Sadi-Carnot.* 1 vol. in-8. . . . . 7 fr.
HISTOIRE DES RAPPORTS DE L'EGLISE ET DE L'ETAT EN FRANCE (1789-1870), par *A. Debidour.* 1 vol. in-8 (*Couronné par l'Institut*). . . . 12 fr.
L'ETAT ET LES EGLISES EN FRANCE, Des origines à la loi de séparation, par *J.-L. de Lanessan.* 1 vol. in-16. . . . . 3 fr. 50
LA SOCIÉTÉ FRANÇAISE SOUS LA TROISIÈME RÉPUBLIQUE, par *Marius-Ary Leblond.* 1 vol. in-8. . . . . 5 fr.
LA LIBERTÉ DE CONSCIENCE EN FRANCE (1595-1905), par *G. Bonet-Maury.* 1 vol. in-8, 2ᵉ édit. . . . . 5 fr.
LES CIVILISATIONS TUNISIENNES, par *P. Lapie.* 1 vol. in-16. . . 3 fr. 50
LES COLONIES FRANÇAISES, par *P. Gaffarel.* 1 vol. in-8. 6ᵉ éd. . . 5 fr.
L'ŒUVRE DE LA FRANCE AU TONKIN, par *A. Gaisman.* 1 v. in-16. 3 fr. 50
LA FRANCE HORS DE FRANCE. *Notre émigration, sa nécessité, ses conditions,* par *J.-B. Piolet.* 1 vol. in-8. . . . . 10 fr.
L'INDO-CHINE FRANÇAISE (*Cochinchine, le Cambodge, l'Annam et le Tonkin*), par *J.-L. de Lanessan.* 1 vol. in-8, avec 5 cartes en couleurs. 15 fr.
L'ALGÉRIE, par *M. Wahl.* 1 vol. in-8. 5ᵉ éd., revue par *A. Bernard.* 5 fr.
LA FRANCE MODERNE ET LE PROBLÈME COLONIAL (1815-1830), par *Ch. Schefer.* 1 vol. in-8. . . . . 7 fr.
L'EGLISE CATHOLIQUE ET L'ETAT EN FRANCE SOUS LA TROISIÈME RÉPUBLIQUE (1870-1906), par *A. Debidour.* Tome I. 1870-1889. 1 vol. in-8. 7 fr. Tome II. 1889-1906. 1 vol. in-8. . . . . 10 fr.
L'EVEIL D'UN MONDE. *L'œuvre de la France en Afrique occidentale,* par *L. Hubert.* 1 vol. in-16. . . . . 3 fr. 50

ALLEMAGNE

LE GRAND-DUCHÉ DE BERG (1806-1813), par *Ch. Schmidt.* 1 vol. in-8. 10 fr.
HISTOIRE DE LA PRUSSE, de la mort de Frédéric II à la bataille de Sadowa, par *E. Véron.* 1 vol. in-18. 6ᵉ éd. . . . . 3 fr. 50
LES ORIGINES DU SOCIALISME D'ÉTAT EN ALLEMAGNE, par *Ch. Andler.* 1 vol. in-8. . . . . 7 fr.
L'ALLEMAGNE NOUVELLE ET SES HISTORIENS (*Niebuhr, Ranke, Mommsen, Sybel, Treitschke*), par *A. Guilland.* 1 vol. in-8 . . . . 5 fr.
LA DÉMOCRATIE SOCIALISTE ALLEMANDE, par *E. Milhaud.* 1 vol. in-8. 10 fr.
LA PRUSSE ET LA RÉVOLUTION DE 1848, par *E. Matter.* 1 v. in-16. 3 fr. 50
BISMARCK ET SON TEMPS, par *le même.* 3 vol. in-8, chacun. 10 fr. — I. *La préparation (1815-1862).* — II. *L'action (1863-1870).* — III. *Le triomphe et le déclin (1870-1896).* (*Ouvrage couronné par l'Institut*).

ANGLETERRE

HISTOIRE CONTEMPORAINE DE L'ANGLETERRE, depuis la mort de la reine Anne jusqu'à nos jours, par *H. Reynald.* 1 vol. in-16. 2ᵉ éd. 3 fr. 50
LE SOCIALISME EN ANGLETERRE, par *Albert Métin.* 1 vol. in-16. 3 fr. 50

AUTRICHE-HONGRIE

LES TCHÈQUES ET LA BOHÈME CONTEMPORAINE, par *Bourlier,* in-16. 3 fr. 50
LES RACES ET LES NATIONALITÉS EN AUTRICHE-HONGRIE, par *B. Auerbach,* 1 vol. in-8. 2ᵉ édit. (*Sous presse*) . . . . 5 fr.
LE PAYS MAGYAR, par *R. Recouly.* 1 vol. in-16. . . . . 3 fr. 50

ESPAGNE

HISTOIRE DE L'ESPAGNE, depuis la mort de Charles III jusqu'à nos jours, par *H. Reynald*. 1 vol. in-16 . . . . 3 fr. 50

GRÈCE et TURQUIE

LA TURQUIE ET L'HELLÉNISME CONTEMPORAIN, par *V. Bérard*. 1 vol. in-16, 4ᵉ éd. (*Ouvrage couronné par l'Académie française*) . . . . 3 fr. 50
BONAPARTE ET LES ÎLES IONIENNES (1797-1816), par *E. Rodocanachi*. 1 vol. in-8 . . . . 5 fr.

ITALIE

HISTOIRE DE L'UNITÉ ITALIENNE (1814-1871), *Bolton King*. 2 v. in-8. 15 fr.
HISTOIRE DE L'ITALIE, depuis 1815 jusqu'à la mort de Victor-Emmanuel, par *E. Sorin*. 1 vol. in-16 . . . . 3 fr. 50
BONAPARTE ET LES RÉPUBLIQUES ITALIENNES (1796-1799), par *P. Gaffarel*. 1 vol. in-8 . . . . 5 fr.
NAPOLÉON EN ITALIE (1800-1812), par *J.-E. Driault*. 1 vol. in-8. 10 fr.

SUISSE

HISTOIRE DU PEUPLE SUISSE, par *Daendliker*. Introd. de *Jules Favre*. In-8.
5 fr.

ROUMANIE

HISTOIRE DE LA ROUMANIE CONTEMP. (1822-1900), par *Damé*. In-8. 7 fr.

AMÉRIQUE

HISTOIRE DE L'AMÉRIQUE DU SUD, par *Alf. Deberle*. in-16. 3ᵉ éd. 3 fr. 50
L'INDUSTRIE AMÉRICAINE, par *A. Viallate*, professeur à l'École des Sciences politiques. 1 vol. in-8 . . . . 10 fr.

CHINE-JAPON

HISTOIRE DES RELATIONS DE LA CHINE AVEC LES PUISSANCES OCCIDENTALES (1861-1902), par *H. Cordier*, de l'Instit. 3 vol. in-8, avec cartes. 30 fr.
L'EXPÉDITION DE CHINE DE 1857-58, par *le même*. 1 vol. in-8 . . . 7 fr.
L'EXPÉDITION DE CHINE DE 1860, par *le même*. 1 vol. in-8 . . . . 7 fr.
EN CHINE. *Mœurs et institutions*. par *M. Courant*. 1 vol. in-16. 3 fr. 50
LE DRAME CHINOIS, par *Marcel Monnier*. 1 vol. in-16. . . . 2 fr. 50
LE PROTESTANTISME AU JAPON (1859-1907), par *R. Allier*. 1 vol. in-16.
3 fr. 50

ÉGYPTE

LA TRANSFORMATION DE L'ÉGYPTE, par *Alb. Métin*. 1 vol. in-16. 3 fr. 50

INDE

L'INDE CONTEMP. ET LE MOUVEMENT NATIONAL, par *Piriou*. In-16 3 fr. 50

QUESTIONS POLITIQUES ET SOCIALES

Despois (E.). LE VANDALISME RÉVOLUTIONNAIRE. 1 vol. in-16. 4ᵉ éd. 3 f. 50
Dumoulin (M.). FIGURES DU TEMPS PASSÉ. 1 vol. in-16. . 3 fr. 50
Driault (E.). PROBLÈMES POLITIQUES ET SOCIAUX. 2ᵉ éd. 1 vol. in-8. 7 fr.
— HISTOIRE DU MOUVEMENT SYNDICAL EN FRANCE (1789-1906). 3 fr. 50
Eichthal (Eug. d'), de l'Institut. SOUVERAINETÉ DU PEUPLE ET GOUVERNEMENT. 1 vol. in-16 . . . . 3 fr. 50
Guyot (Yves). SOPHISMES SOCIALISTES ET FAITS ÉCONOMIQUES. 1 vol. in-16. . . . . 3 fr. 50
Lanessan (J.-L. de). LES MISSIONS ET LEUR PROTECTORAT. 1 vol. in-16. . . . . 3 fr. 50
Lichtenberger (A.) LE SOCIALISME UTOPIQUE. 1 vol. in-16. 3 fr. 50
— LE SOCIALISME, ET LA RÉVOLUTION FRANÇAISE. 1 v. in-8 . . . 5 fr.
Louis (Paul). L'OUVRIER DEVANT L'ÉTAT. 1 vol. in-8 . . . . . 7 fr.
Matter (Paul). LA DISSOLUTION DES ASSEMBLÉES PARLEMENTAIRES. 1 vol. in-8 . . . . 5 fr.
Reinach (J.). LA FRANCE ET L'ITALIE DEVANT L'HISTOIRE. 1 vol. in-8. 5 fr.
Schefer (C.). BERNADOTTE ROI (1810-1818-1844). 1 vol. in-8. 5 fr.
Spuller (Eug.). FIGURES DISPARUES, 3 vol. in-16, chacun . 3 fr. 50
— L'ÉDUCATION DE LA DÉMOCRATIE. 1 vol. in-16. . . . . . . 3 fr. 50
— L'ÉVOLUTION POLITIQUE ET SOCIALE DE L'ÉGLISE. 1 vol. in-16. 3 fr. 50

Tardieu (A.). LA FRANCE ET SES ALLIANCES. *La lutte pour l'équilibre.* 1 vol. in-16. . . . . 3 fr. 50
Viallate.(A.). LA VIE POLITIQUE DANS LES DEUX MONDES, 1re ANNÉE (1906-1907). 1 fort volume in-8. . . . . 10 fr.
Weill (G.). L'ÉCOLE SAINT-SIMONIENNE. 1 vol. in-16. . 3 fr. 50

MINISTRES ET HOMMES D'ÉTAT

Chaque volume in-16, 2 fr. 50

Bismarck, par H. WELSCHINGER.
Prim, par H. LÉONARDON.
Disraeli, par M. COURCELLE.

Ôkoubo, ministre japonais, par M. COURANT.
Chamberlain, par A. VIALLATE.

BIBLIOTHÈQUE UTILE

Élégants volumes in-32, de 192 pages chacun.

Chaque volume broché, **60** *cent.; cartonné,* **1** *franc.*

Acloque (A.). Les insectes nuisibles (avec fig.).
Amigues (E.). A travers le ciel.
Bastide. Les guerres de la Réforme. 5ᵉ édit.
— Luttes religieuses des premiers siècles. 5ᵉ édit.
Beauregard (H.). Zoologie générale (avec fig.).
Bellet. (D.). Les grands ports maritimes de commerce (avec fig.).
Bère. Histoire de l'armée française.
Berget (Adrien.) La viticulture nouvelle. (*Manuel du vigneron.*) 3ᵉ éd.
— La pratique des vins. 2ᵉ éd. (*Guide du récoltant*).
— Les vins de France. (*Guide du consommateur.*)
Bertillon (Jacques). La statistique humaine de la France.
Blerzy (H.). Les colonies anglaises. 2ᵉ édit.
— Torrents, fleuves et canaux de la France. 3ᵉ édit.
Boillot. Les entretiens de Fontenelle sur la pluralité des mondes.
Bondois. (P.). L'Europe contemporaine (1789-1879). 2ᵉ édit.
Bouant. Les principaux faits de la chimie (avec fig.).
— Hist. de l'eau (avec fig.).
Brothier. Histoire de la terre. 9ᵉ éd.
— Causeries sur la mécanique. 5ᵉ édit.

Buchez. Les Mérovingiens. 6ᵉ éd.
— Les Carlovingiens. 2ᵉ éd.
Carnot. Révolution française, 2 vol. 7ᵉ édit.
Catalan. Notions d'astronomie. 6ᵉ édit.
Collas (L.). Histoire de l'empire ottoman. 3ᵉ édit.
Collier. Premiers principes des beaux-arts (avec fig.).
Combes (L.). La Grèce ancienne. 4ᵉ édit.
Corbon. De l'enseignement professionnel. 4ᵉ édit.
Coste (Ad.). Alcoolisme ou épargne. 6ᵉ édit.
— Richesse et bonheur.
Coupin (H.). La vie dans les mers (avec fig.).
Creighton. Histoire romaine (avec fig.).
Cruveilhier. Hygiène générale. 9ᵉ édit.
Dallet. La navigation aérienne (avec fig.).
Debidour (A.) Histoire des rapports de l'Eglise et de l'Etat en France (1789-1871). Abrégé par DUBOIS et SARTHOU.
Despois (Eug.). Révolution d'Angleterre. 4ᵉ édit.
Doneaud (Alfred). Histoire de la marine française. 4ᵉ édit.
— Histoire contemporaine de la Prusse. 2ᵉ édit.
Dufour. Petit dictionnaire des falsifications. 4ᵉ édit.
Enfantin. La vie éternelle. 6ᵉ éd.

Faque. L'Indo-Chine française.
Ferrière. Le darwinisme. 6° éd.
Gaffarel (Paul). La défense nationale en 1792. 2° édit.
— Les frontières françaises. 2° édit.
Gastineau (B.). Les génies de la science et de l'industrie. 3° éd
Geikie. La géologie (avec fig.). 5° édit.
Genevoix (F.). Les matières premières.
— Les procédés industriels.
Gérardin. Botanique générale) avec fig.).
Girard de Rialle. Les peuples de l'Asie et de l'Europe.
Gossin. La photographie (fig.).
— La machine à vapeur (avec fig.)
Grove. Continents et océans. 3° éd.
Hatin. Le Journal.
Henneguy. Histoire de l'Italie depuis 1815.
Huxley. Premières notions sur les sciences. 4° édit.
Jevons (Stanley). L'économie politique. 10° édit.
Jouan. Les îles du Pacifique.
— La chasse et la pêche des animaux marins.
Jourdan (J.). La justice criminelle en France. 4° édit.
Jourdy. Le patriotisme à l'école.
Joyeux. L'Afrique française.
Larbalétrier (A.). L'agriculture française (avec fig.).
— Les plantes d'appartement (avec fig.).
Larivière (Ch. de). Les origines de la guerre de 1870.
Larrivé. L'assistance publique.
Laumonier. (Dr J.) L'hygiène de la cuisine.
Leneveux. Le budget du foyer.
— Le travail manuel en France. 2° édit.
Lévy (Albert). Histoire de l'air (avec fig.). 4° édit.
Loek (F.). Jeanne d'Arc. 3° édit.
— Histoire de la Restauration. 5° édit.
Mahaffy. L'antiquité grecque (avec fig.).
Maigne. Les mines de la France et de ses colonies.
Margollé, voy. Zurcher.
Mayer (G.). Les chemins de fer (avec fig.).
Merkle (F.). La Tuberculose; son traitement hygiénique.

Meunier (G.). Histoire de la littérature française. 4° éd.
— Histoire de l'art (avec fig.).
Milhaud (A.). Madagascar. 2° ed.
Mongredien. Le libre-échange en Angleterre.
Monin. Les maladies épidémiques (avec fig.).
Morand. Introduction à l'étude des sciences physiques. 6° éd.
Morin. La loi civile en France. 6° édit.
Noël (Eugène). Voltaire et Rousseau. 4° édit.
Ott (A.). L'Asie occidentale et l'Egypte. 3° édit.
Paulhan (F.). La physiologie de l'esprit. 5° édit. refondue.
Paul Louis. Les lois ouvrières.
Petit. Économie rurale et agricole.
Piobat (L.). L'art et les artistes en France. 5° édit.
Quesnel. Histoire de la conquête de l'Algérie.
Raymond (E.). L'Espagne et le Portugal. 3° édit.
Regnard. Histoire contemporaine de l'Angleterre.
Renard (G.). L'homme est-il libre? 5° édit.
Robinet. La philosophie positive. 6° édit.
Rolland (Ch.). Histoire de la maison d'Autriche. 4° édit.
Sérieux et Mathieu. L'Alcool et l'alcoolisme. 4° édit.
Spencer (Herbert). De l'éducation. 12° édit.
Turck. Médecine populaire. 7° édit.
Vaillant. Petite chimie de l'agriculteur.
Wilkins. L'antiquité romaine (avec fig.). 2° édit.
Zaborowski (S.). L'homme préhistorique. 7° édit.
— Les mondes disparus (avec fig.) 4° édit.
— Les grands singes.
— L'origine du langage. 6° édit.
— Les migrations des animaux. 4° édit.
Zevort (Edg.). Histoire de Louis-Philippe. 4° édit.
Zurcher (F.). Les phénomènes de l'atmosphère. 7° édit.
Zurcher et Margollé. Télescope et microscope. 3° édit.
— Les phénomènes célestes. 3° éd.

BIBLIOTHÈQUE
DE PHILOSOPHIE CONTEMPORAINE

VOLUMES IN-16.
Brochés, 2 fr. 50.

Derniers volumes publiés :

J. Bourdeau
Pragmatisme et modernisme.
G. Compayré.
L'adolescence.
Em. Cramaussel.
Le premier éveil intellectuel de l'enfant.
E. d'Eichthal.
Pages sociales.
J. Girod.
Démocratie, patrie et humanité.

A. Joussain.
Le fondement psychologique de la morale.
G. Palante.
La sensibilité individualiste.
Fr. Paulhan.
La morale de l'ironie.
A. Schopenhauer.
Métaphysique et esthétique.

Alaux.
Philosophie de Victor Cousin.
R. Allier.
Philosophie d'Ernest Renan. 3ᵉ éd.
L. Arréat.
La morale dans le drame. 3ᵉ édit.
Mémoire et imagination. 2ᵉ édit.
Les croyances de demain.
Dix ans de philosophie (1890-1900).
Le sentiment religieux en France.
Art et psychologie individuelle.
G. Aslan.
Expérience et invention en morale.
G. Ballet.
Langage intérieur et aphasie. 2ᵉ éd.
A. Bayet.
La morale scientifique. 2ᵉ édit.
Beaussire.
Antécédents de l'hégélianisme.
Bergson.
Le rire. 5ᵉ édit.
Binet.
Psychologie du raisonnement. 4ᵉ éd.
Hervé Blondel.
Les approximations de la vérité.
C. Bos.
Psychologie de la croyance. 2ᵉ éd.
Pessimisme, féminisme, moralisme.
M. Boucher.
Essai sur l'hyperespace. 2ᵉ éd.
C. Bouglé.
Les sciences sociales en Allemagne.
Qu'est-ce que la sociologie?
J. Bourdeau.
Les maîtres de la pensée. 5ᵉ éd.
Socialistes et sociologues. 2ᵉ édit.
E. Boutroux.
Conting. des lois de la nature. 6ᵉ éd.

Brunschvicg.
Introd. à la vie de l'esprit. 2ᵉ éd.
L'idéalisme contemporain.
C. Coignet.
Protestantisme français au xixᵉ siècle
Coste.
Dieu et l'Âme. 2ᵉ édit.
A. Cresson.
Bases de la philos. naturaliste.
Le malaise de la pensée philos.
La morale de Kant. 2ᵉ éd.
G. Danville.
Psychologie de l'amour. 4ᵉ édit.
L. Daurlac.
La psychol. dans l'Opéra français.
J. Delvolvé.
L'organisation de la conscience morale.
L. Dugas.
Psittacisme et pensée symbolique.
La timidité. 4ᵉ édit.
Psychologie du rire.
L'absolu.
L. Duguit.
Le droit social, le droit individuel et la transformation de l'État.
G. Dumas.
Le sourire.
Dunan.
Théorie psychologique de l'espace.
Duprat.
Les causes sociales de la folie.
Le mensonge. 2ᵉ édit
Durand (DE GROS).
Philosophie morale et sociale.
E. Durkheim.
Les règles de la méthode sociol. 4ᵉ éd.

E. d'Eichthal.
Cor. de S. Mill et G. d'Eichthal.
Les probl. sociaux et le socialisme.

Encausse (Papus).
Occultisme et spiritualisme. 2° éd.

A. Espinas.
La philos. expériment. en Italie.

E. Faivre.
De la variabilité des espèces.

Ch. Féré.
Sensation et mouvement. 2° édit.
Dégénérescence et criminalité. 4° éd.

E. Ferri.
Les criminels dans l'art.

Fierens-Gevaert.
Essai sur l'art contemporain. 2° éd.
La tristesse contemporaine. 5° éd.
Psychol. d'une ville. Bruges. 3° éd.
Nouveaux essais sur l'art contemp.

Maurice de Fleury.
L'âme du criminel. 2° éd.

Fonsegrive.
La causalité efficiente.

A. Fouillée.
Propriété sociale et démocratie.

E. Fournière.
Essai sur l'individualisme. 2° édit.

Gauckler.
Le beau et son histoire.

G. Geley.
L'être subconscient. 2° édit.

E. Goblot.
Justice et liberté. 2° édit.

A. Godfernaux.
Le sentiment et la pensée. 2° édit.

J. Grasset.
Les limites de la biologie. 5° édit.

G. de Greef.
Les lois sociologiques. 4° édit.

Guyau.
La genèse de l'idée de temps. 2° éd.

E. de Hartmann.
La religion de l'avenir. 7° édition.
Le Darwinisme. 8° édition.

R. C. Herckenrath.
Probl. d'esthétique et de morale.

Marie Jaëll.
L'intelligence et le rythme dans les mouvements artistiques.

W. James.
La théorie de l'émotion. 3° édit.

Paul Janet.
La philosophie de Lamennais.

Jankelevitch.
Nature et société.

J. Lachelier.
Du fondement de l'induction. 5° éd.
Études sur le syllogisme.

C. Laisant.
L'Éducation fondée sur la science.

Mⁿ° Lampérière.
Le rôle social de la femme.

A. Landry.
La responsabilité pénale.

Lange.
Les émotions. 2° édit.

Laple.
La justice par l'État.

Laugel.
L'optique et les arts.

Gustave Le Bon.
Lois psychol. de l'évol. des peuples.
Psychologie des foules. 14° éd.

F. Le Dantec.
Le déterminisme biologique. 3° éd.
L'individualité et l'erreur individualiste. 3° édit.
Lamarckiens et darwiniens. 3° éd.

G. Lefèvre.
Obligation morale et idéalisme.

Liard.
Les logiciens anglais contem. 5° éd.
Définitions géométriques. 3° édit.

H. Lichtenberger.
La philosophie de Nietzsche. 11° éd.
Aphorismes de Nietzsche. 4° éd.

O. Lodge.
La vie et la matière. 2° édit.

Lombroso.
L'anthropologie criminelle. 5° éd.

John Lubbock.
Le bonheur de vivre. 2 vol. 11° éd.
L'emploi de la vie. 7° édit.

G. Lyon.
La philosophie de Hobbes.

E. Marguery.
L'œuvre d'art et l'évolution. 2° édit.

Mauxion.
L'éducation par l'instruction. 2° éd.
Nature et éléments de la moralité.

G. Milhaud.
Les conditions et les limites de la certitude logique. 2° édit.
Le rationnel.

Mosso.
La peur. 4° éd.
La fatigue intellect. et phys. 6° éd.

E. Murisier.
Les mal. du sent. religieux. 3° éd.

A. Naville.
Nouvelle classif. des sciences. 2° éd.

Max Nordau.
Paradoxes psychologiques. 6° éd.
Paradoxes sociologiques. 5° édit.
Psycho-physiologie du génie. 4° éd.

Novicow.
L'avenir de la race blanche. 2° édit.

Ossip-Lourié.
Pensées de Tolstoï. 2e édit.
Philosophie de Tolstoï. 2e édit.
La philos. soc. dans le théât. d'Ibsen.
Nouvelles pensées de Tolstoï.
Le bonheur et l'intelligence.
Croyance religieuse et croyance
  intellectuelle.

G. Palante.
Précis de sociologie. 4e édit.

W.-R. Paterson (Swift).
L'éternel conflit.

Paulhan.
Les phénomènes affectifs. 2e édit.
Psychologie de l'invention.
Analystes et esprits synthétiques.
La fonction de la mémoire.

J. Philippe.
L'image mentale.

**J. Philippe
et G. Paul-Boncour.**
Les anomalies mentales chez les
  écoliers. 2e édit.

F. Pillon.
La philosophie de Charles Secrétan.

Ploger.
Le monde physique.

L. Proal.
L'éducation et le suicide des enfants.

Queyrat.
L'imagination chez l'enfant. 4e édit.
L'abstraction. 2e édit.
Les caractères et l'éducation morale.
La logique chez l'enfant. 3e éd.
Les jeux des enfants. 2e édit.

G. Rageot.
Les savants et la philosophie.

P. Regnaud.
Précis de logique évolutionniste.
Comment naissent les mythes.

G. Renard.
Le régime socialiste. 6e édit.

A. Réville.
Divinité de Jésus-Christ. 4e éd.

A. Rey.
L'énergétique et le mécanisme.

Th. Ribot.
La philos. de Schopenhauer. 12e éd.
Les maladies de la mémoire. 20e éd.
Les maladies de la volonté. 25e éd.
Les mal. de la personnalité.
  14e édit.
La psychologie de l'attention. 10e éd.

G. Richard.
Socialisme et science sociale. 2e éd.

Ch. Richet.
Psychologie générale. 7e éd.

De Roberty.
L'agnosticisme. 2e édit.
La recherche de l'Unité.
Psychisme social.
Fondements de l'éthique.
Constitution de l'éthique.
Frédéric Nietzsche.

E. Roerich.
L'attention spontanée et volontaire.

J. Rogues de Fursac.
Mouvement mystique contemp.

Roisel.
De la substance.
L'idée spiritualiste. 2e édit.

Roussel-Despierres.
L'idéal esthétique.

Rzewuski.
L'optimisme de Schopenhauer.

Schopenhauer.
Le libre arbitre. 10e édition.
Le fondement de la morale. 10e éd.
Pensées et fragments. 22e édition.
Écrivains et style. 2e édit.
Sur la religion. 2e édit.
Philosophie et philosophes.
Éthique, droit et politique.

P. Sollier.
Les phénomènes d'autoscopie.

P. Souriau.
La rêverie esthétique.

Herbert Spencer.
Classification des sciences. 9e édit.
L'individu contre l'État. 8e éd.
L'association en psychologie.

Stuart Mill.
Correspondance avec G. d'Eichthal.
Auguste Comte et la philosophie
  positive. 5e édition.
L'utilitarisme. 5e édition.
La liberté. 3e édit.

Sully Prudhomme.
Psychologie du libre arbitre.

**Sully Prudhomme
et Ch. Richet.**
Le probl. des causes finales. 4e éd.

Tanon.
L'évol. du droit et la consc. soc. 2e éd.

Tarde.
La criminalité comparée. 6e éd.
Les transformations du droit. 6e éd.
Les lois sociales. 5e édit.

J. Taussat.
Le monisme et l'animisme.

Thamin.
Éducation et positivisme. 2e éd.

P.-F. Thomas.
La suggestion, son rôle. 4ᵉ édit.
Morale et éducation. 2ᵉ éd.

Tissié.
Les rêves. 2ᵉ édit.

Wundt.
Hypnotisme et suggestion. 4ᵉ édit.

Zeller.
Christ, Baur et l'école de Tubingue.

Th. Ziegler.
La question sociale 3ᵉ éd.

VOLUMES IN-8.

Brochés, à 5, 7.50 et 10 fr.

Derniers volumes publiés :

J.-H. Bœx-Borel.
(J.-H. Rosny aîné).
Le pluralisme.   5 fr.

L. Dugas.
Le problème de l'éducation.   5 fr.

A. Fouillée.
Le socialisme et la sociologie réformiste.   7 fr. 50

Hermant et Van de Waele
Les principales théories de la logique contemporaine.   5 fr

Hubert et Mauss.
Mélanges d'histoire des religions.   5 fr.

M.-A. Leblond.
L'idéal du XIXᵉ siècle.   5 fr.

C. Lombroso.
L'homme de génie (avec planches), 4ᵉ édit.   10 fr.

E. Naville.
Les philosophies affirmatives. 7 f. 50

G. Rodrigues.
Le problème de l'action.   3 fr. 75

F. Schiller.
Etudes sur l'humanisme.   10 fr.

A. Schinz.
Anti-pragmatisme.   5 fr.

P. Sollier.
Le doute.   7 fr. 50

P. Sourian.
La suggestion dans l'art. 2ᵉ édit.   5 fr.

Sully-Prudhomme.
Le lien social.   3 fr. 75

P. Tisserand.
L'anthropologie de Maine de Biran.   10 fr.

Ch. Adam.
La philosophie en France (première moitié du XIXᵉ siècle).   7 fr. 50

Arréat.
Psychologie du peintre.   5 fr.

Dr L. Aubry.
La contagion du meurtre.   5 fr.

Alex. Bain.
La logique inductive et déductive. 5ᵉ édit. 2 vol.   20 fr.
Les sens et l'intell. 3ᵉ édit. 10 fr.

J.-M. Baldwin.
Le développement mental chez l'enfant et dans la race. 7 fr. 50

J. Bardoux.
Psychol. de l'Angleterre contemp. *(les crises belliqueuses).* 7 fr. 50
Psychologie de l'Angleterre contemporaine *(les crises politiques).*   5 fr.

Barthélemy Saint-Hilaire.
La philosophie dans ses rapports avec les sciences et la religion. 5 fr.

Barzelotti.
La philosophie de H. Taine. 7 fr. 50

A. Bayet.
L'idée de bien.   3 fr. 75

Bazaillas.
Musique et inconscience.   5 fr.
La vie personnelle.   5 fr.

G. Belot.
Études de morale positive. 7 fr. 50

H. Bergson.
Essai sur les données immédiates de la conscience. 6ᵉ édit. 3 fr. 75
Matière et mémoire. 5ᵉ édit.   5 fr.
L'évolution créatrice. 5ᵉ éd. 7 fr. 50

R. Berthelot.
Evolutionnisme et platonisme. 5 fr.

A. Bertrand.
L'enseignement intégral.   5 fr.
Les études dans la démocratie. 5 fr.

A. Binet.
Les révélations de l'écriture.   5 fr

C. Bloch.
La philosophie de Newton.   10 fr.

Em. Boirac.
L'idée du phénomène. 5 fr.
La psychologie inconnue. 5 fr.

Bouglé.
Les idées égalitaires. 2ᵉ éd. 3 fr. 75
Essais sur le régime des castes. 5 fr.

L. Bourdeau.
Le problème de la mort. 4ᵉ éd. 5 fr.
Le problème de la vie. 7 fr. 50

Bourdon.
L'expression des émotions. 7 fr. 50

Em. Boutroux.
Études d'histoire de la philosophie.
2ᵉ édit. 7 fr. 50

Braunschvig.
Le sentiment du beau et le sentiment politique. 7 fr. 50

L. Bray.
Du beau. 5 fr.

Brochard.
De l'erreur. 2ᵉ éd. 5 fr.

M. Brunschvicg.
Spinoza. 2ᵉ édit. 3 fr. 75
La modalité du jugement. 5 fr.

L. Carrau.
Philosophie religieuse en Angleterre. 5 fr.

Ch. Chabot.
Nature et moralité. 5 fr.

A. Chide.
Le mobilisme moderne. 5 fr.

Clay.
L'alternative. 2ᵉ éd. 10 fr.

Collins.
Résumé de la phil. de H. Spencer.
4ᵉ éd. 10 fr.

Cosentini.
La sociologie génétique. 3 fr. 75

A. Coste.
Principes d'une sociol. obj. 3 fr. 75
L'expérience des peuples. 10 fr.

C. Couturat.
Les principes des mathématiques. 5 f.

Crépieux-Jamin.
L'écriture et le caractère. 5ᵉ éd. 7.50

A. Cresson.
Morale de la raison théorique. 5 fr.

Dauriac.
Essai sur l'esprit musical. 5 fr.

H. Delacroix.
Études d'histoire et de psychologie
du mysticisme. 10 fr.

Delbos.
Philos. pratique de Kant. 12 fr. 50

J. Delvaille.
La vie sociale et l'éducation. 3 fr. 75

J. Delvolvé.
Religion, critique et philosophie
positive chez Bayle. 7 fr 50

Draghicesco.
L'individu dans le déterminisme
social. 7 fr. 50
Le problème de la conscience.
3 fr. 75

G. Dumas.
La tristesse et la joie. 7 fr. 50
St-Simon et Auguste Comte. 5 fr.

G.-L. Duprat.
L'instabilité mentale. 5 fr.

Duproix.
Kant et Fichte. 2ᵉ édit. 5 fr.

Durand (DE GROS).
Taxinomie générale. 5 fr.
Esthétique et morale. 5 fr.
Variétés philosophiques. 2ᵉ éd. 5 fr.

E. Durkheim.
De la div. du trav. soc. 2ᵉ éd. 7 fr. 50
Le suicide, étude sociolog. 7 fr. 50
L'année sociologique. 10 volumes :
1ʳᵉ à 5ᵉ années. Chacune. 10 fr.
6ᵉ à 10ᵉ. Chacune. 12 fr. 50

V. Egger.
La parole intérieure. 2ᵉ éd. 5 fr.

Dwelshauvers.
La synthèse mentale. 5 fr.

A. Espinas.
La philosophie sociale au XVIIIᵉ siècle et la Révolution. 7 fr. 50

Enriques.
Les problèmes de la science et la
logique. 3 fr. 75

F. Evellin.
La raison pure et les antinomies. 5 fr.

G. Ferrero.
Les lois psychologiques du sym-
bolisme. 5 fr.

Enrico Ferri.
La sociologie criminelle. 10 fr.

Louis Ferri.
La psychologie de l'association, depuis Hobbes. 7 fr. 50

J. Finot.
Le préjugé des races. 3ᵉ éd. 7 fr. 50
Philosophie de la longévité. 12ᵉ éd.
5 fr.

Fonsegrive.
Le libre arbitre. 2ᵉ éd. 10 fr.

M. Foucault.
La psychophysique. 7 fr. 50
Le rêve. 5 fr.

Alf. Fouillée.
Liberté et déterminisme. 5ᵉ éd. 7 fr. 50
Critique des systèmes de morale
contemporains. 5ᵉ éd. 7 fr. 50
La morale, l'art et la religion, d'a-
près Guyau. 6ᵉ éd. 3 fr. 75
L'avenir de la métaphysique. 2ᵉ éd.
5 fr.

Alf. Fouillée.
Évolutionnisme des idées-forces.
4ᵉ éd.   7 fr. 50
La psychologie des idées-forces.
2ᵉ édit. 2 vol.   15 fr.
Tempérament et caractère. 3ᵉ éd.
  7 fr. 50
Le mouvement idéaliste. 2ᵉ éd. 7 fr. 50
Le mouvement positiviste. 2ᵉ éd. 7.50
Psych. du peuple français. 3ᵉ éd. 7.50
La France au point de vue moral.
3ᵉ édit.   7 fr. 50
Esquisse psychologique des peu-
ples européens. 4ᵉ édit.   10 fr.
Nietzsche et l'immoralisme. 2ᵉ éd.
  5 fr.
Le moralisme de Kant et l'amora-
lisme contemporain. 2ᵉ éd. 7 fr. 50
Éléments sociol. de la morale.
2ᵉ édit.   7 fr. 50
La morale des idées-forces. 7 fr. 50

E. Fournière.
Théories social. au XIXᵉ siècle. 7 fr. 50

G. Fulliquet.
L'obligation morale.   7 fr. 50

Garofalo.
La criminologie. 5ᵉ édit.   7 fr. 50
La superstition socialiste.   5 fr.

L. Gérard-Varet.
L'ignorance et l'irréflexion.   5 fr.

E. Gley.
Études de psycho-physiologie. 5 fr.

E. Goblot.
La classification des sciences.   5 fr.

G. Gory.
L'immanence de la raison dans la
connaissance sensible.   5 fr.

R. de la Grasserie.
De la psychologie des religions. 5 fr.

J. Grasset.
Demifous et demiresponsables. 5 fr.
Introduction physiologique à l'étude
de la philosophie.   5 fr.

G. de Greef.
Le transformisme social. 2ᵉ éd. 7 fr. 50
La sociologie économique. 3 fr. 75

K. Groos.
Les jeux des animaux.   7 fr. 50

Gurney, Myers et Podmore
Les hallucin. télépath. 4ᵉ éd. 7 fr. 50

Guyau.
La morale angl. cont. 5ᵉ éd. 7 fr. 50
Les problèmes de l'esthétique con-
temporaine. 6ᵉ éd.   5 fr.
Esquisse d'une morale sans obli-
gation ni sanction. 9ᵉ éd.   5 fr.
L'irréligion de l'avenir. 13ᵉ éd. 7 fr. 50
L'art au point de vue social. 8ᵉ éd.
  7 fr. 50
Éducation et hérédité. 10ᵉ éd. 5 fr.

E. Halévy.
La form. du radicalisme philos.
I. *La jeunesse de Bentham.* 7 fr. 50
II. *Évol. de la doctr. utilitaire,*
1789-1815.   7 fr. 50
III. *Le radicalisme philos.* 7 fr. 50

O. Hamelin.
Les éléments de la représentation.
  7 fr. 50

Hannequin.
L'hypoth. des atomes. 2ᵉ éd. 7 fr. 50
Études d'histoire des sciences et
d'histoire de la philosophie.
2 vol.   15 fr.

P. Hartenberg.
Les timides et la timidité. 2ᵉ éd. 5 fr.
Physionomie et caractère.   5 fr.

Hébert.
Évolut. de la foi catholique.   5 fr.
Le divin.   5 fr.

C. Hémon.
Philos. de Sully Prudhomme. 7 fr. 50

G. Hirth.
Physiologie de l'art.   5 fr.

H. Höffding.
Esquisse d'une psychologie fondée
sur l'expérience. 4ᵉ édit.   7 fr. 50
Hist. de la philos. moderne. 2ᵉ édit.
2 vol.   20 fr.
Philosophie de la religion. 7 fr. 50

Ioteyko et Stefanowska.
Psycho et physiologie de la
douleur.   5 fr.

Isambert.
Les idées socialistes en France
(1815-1848).   7 fr. 50

Izoulet.
La cité moderne. 7ᵉ édit.   10 fr.

Jacoby.
La sélect. chez l'homme. 2ᵉ éd. 10 fr.

Paul Janet.
Œuvres philosophiques de Leibniz.
2ᵉ édition. 2 vol.   20 fr.

Pierre Janet.
L'automatisme psychol. 5ᵉ éd. 7 fr. 50

J. Jastrow.
La subconscience.   7 fr. 50

J. Jaurès.
Réalité du monde sensible. 2ᵉ édit.
  7 fr. 50

Karppe.
Études d'hist. de la philos. 3 fr. 75

A. Keim.
Helvétius.   10 fr.

P. Lacombe.
Individus et sociétés selon Taine.
  7 fr. 50

A. Lalande.
La dissolution opposée à l'évolution.   7 fr. 50

Ch. Lalo.
Esthétique musicale scientifique. 5 f.
L'esthétique expérim. cont. 3 fr. 75
A. Landry.
Principes de morale rationnelle. 5 fr.
De Lanessan.
La morale naturelle. 10 fr.
La morale des religions. 10 fr.
Lang.
Mythes, cultes et religions. 10 fr.
P. Lapie.
Logique de la volonté. 7 fr. 50
Lauvrière.
Philosophes contemporains. 2e édit.
3 fr. 75
E. de Laveleye.
De la propriété et de ses formes
primitives. 5e édit. 10 fr.
Le gouvernement dans la démocra-
tie. 3e éd. 2 vol. 15 fr.
Gustave Le Bon.
Psych. du socialisme. 5e éd. 7 fr. 50
G. Lechalas.
Études esthétiques. 5 fr.
Lechartier.
David Hume, moraliste et socio-
logue. 5 fr.
Leclère.
Le droit d'affirmer. 5 fr.
F. Le Dantec.
L'unité dans l'être vivant. 7 fr. 50
Limites du connaissable. 3e édit.
3 fr. 75
Xavier Léon.
La philosophie de Fichte. 10 fr.
Leroy (E.-B.).
Le langage. 5 fr.
A. Lévy.
La philosophie de Feuerbach. 10 fr.
Edgar Poë, Sa vie, Son œuvre. 10 fr.
L. Lévy-Bruhl.
La philosophie de Jacobi. 5 fr.
Lettres de Stuart Mill à Comte. 10 fr.
La philos. d'Aug. Comte. 2e éd. 7 fr. 50
La morale et la science des
mœurs. 3e éd. 5 fr.
Liard.
Science positive et métaphysique,
4e édit. 7 fr. 50
Descartes. 2e édit. 5 fr.
H. Lichtenberger.
Richard Wagner, poète et penseur.
4e édit. 10 fr.
Henri Heine penseur. 3 fr. 75
Lombroso.
La femme criminelle et la prostituée
1 vol. avec planches. 15 fr.
Le crime polit. et les révol. 2 v. 15 f.
L'homme criminel. 3e édit. 2 vol.,
avec atlas. 36 f.
Le crime. 2e éd. 10 f.

E. Lubac.
Système de psychol. rationn. 3 fr. 75
G. Luquet.
Idées générales de psychol. 5 fr.
G. Lyon.
L'idéalisme en Angleterre au xviiie
siècle. 7 fr. 50
Enseignement et religion. 3 fr. 75
P. Malapert.
Les éléments du caractère. 2e éd. 5 fr.
Marion.
La solidarité morale. 6e édit. 5 fr.
Fr. Martin.
La perception extérieure et la
science positive. 5 fr.
J. Maxwell.
Les phénomènes psych. 4e éd. 5 fr.
E. Meyerson.
Identité et réalité. 7 fr. 50
Max Muller.
Nouv. études de mythol. 12 fr. 50
Myers.
La personnalité humaine. 2e éd. 7,50
E. Naville.
La logique de l'hypothèse. 2e éd. 5 fr.
La définition de la philosophie. 5 fr.
Les philosophies négatives. 5 fr.
Le libre arbitre. 2e édition. 5 fr.
J.-P. Nayrac.
L'attention. 3 fr. 75
Max Nordau.
Dégénérescence. 2 v. 7e éd. 17 fr. 50
Les mensonges conventionnels de
notre civilisation. 10e éd. 5 fr.
Vus du dehors. 5 fr.
Novicow.
Luttes entre soc. humaines. 2e éd. 10 f.
Gaspillages des soc. mod. 2e éd. 5 fr.
Justice et expansion de la vie. 7 fr. 50
H. Oldenberg.
Le Bouddha. 2e éd. 7 fr. 50
La religion du Véda. 10 fr.
Ossip-Lourié.
La philosophie russe contemp. 5 fr.
Psychol. des romanciers russes au
xixe siècle. 7 fr. 50
Ouvré.
Form. littér. de la pensée grecq. 10 fr.
G. Palante.
Combat pour l'individu. 3 fr. 75
Fr. Paulhan.
Les caractères. 3e édition. 5 fr.
Les mensonges du caractère. 5 fr.
Le mensonge de l'art. 5 fr.
Payot.
L'éducation de la volonté. 31e éd. 5 fr.
La croyance. 2e éd. 5 fr.
Jean Pérès.
L'art et le réel. 3 fr. 75

Bernard Perez.
Les trois premières années de l'enfant. 5ᵉ édit. 5 fr.
L'enfant de 3 à 7 ans. 4ᵉ éd. 5 fr.
L'éd. mor. dès le berceau. 4ᵉ éd. 5 fr.
L'éd. intell. dès le berceau. 2ᵉ éd. 5 fr.

C. Piat.
La personne humaine. 7 fr. 50
Destinée de l'homme. 5 fr.

Picavet.
Les idéologues. 10 fr.

Piderit.
La mimique et la physiognomonie, avec 95 fig. 5 fr.

Pillon.
L'année philos. 19 vol., chacun. 5 fr.

J. Ploger.
La vie et la pensée. 5 fr.
La vie sociale, la morale et le progrès. 5 fr.

L. Prat.
Le caractère empirique et la personne. 7 fr. 50

Preyer.
Éléments de physiologie. 5 fr.

L. Proal.
Le crime et la peine. 3ᵉ éd. 10 fr.
La criminalité politique. 2ᵉ éd. 5 fr.
Le crime et le suicide passionnels. 10 fr.

G. Rageot.
Le succès. 3 fr. 75

F. Rauh.
De la méthode dans la psychologie des sentiments. 2ᵉ éd. 5 fr.
L'expérience morale. 3 fr. 75

Récéjac.
La connaissance mystique. 5 fr.

G. Renard.
La méthode scientifique de l'histoire littéraire. 10 fr.

Renouvier.
Les dilem. de la métaph. pure. 5 fr.
Hist. et solut. des problèmes métaphysiques. 7 fr. 50
Le personnalisme. 10 fr.
Critique de la doctrine de Kant. 7.50
Science de la morale. Nouvelle édit. 2 vol. 15 fr.

G. Revault d'Allonnes.
Psychologie d'une religion. 5 fr.
Les inclinations. 3 fr. 75

A. Rey.
La théorie de la physique chez les physiciens contemp. 7 fr. 50

Ribéry.
Classification des caractères. 3 fr. 75

Th. Ribot.
L'hérédité psycholog. 8ᵉ éd. 7 fr. 50
La psychologie anglaise contemporaine. 3ᵉ éd. 7 fr. 50
La psychologie allemande contemporaine. 6ᵉ éd. 7 fr. 50
La psych. des sentim. 7ᵉ éd. 7 fr. 50
L'évol. des idées générales. 2ᵉ éd. 5 fr.
L'imagination créatrice. 3ᵉ éd. 5 fr.
Logique des sentiments. 2ᵉ éd. 3 f. 75
Essai sur les passions. 2ᵉ éd. 3 fr. 75

Ricardou.
De l'idéal. 5 fr.

G. Richard.
L'idée d'évolution dans la nature et dans l'histoire. 7 fr. 50

H. Riemann.
Elém. de l'esthétiq. musicale. 5 fr.

E. Rignano.
Transmissibilité des caractères acquis. 5 fr.

A. Rivaud.
Essence et existence chez Spinoza. 7 fr. 50

E. de Roberty.
Ancienne et nouvelle philos. 7 fr. 50
La philosophie du siècle. 5 fr.
Nouveau programme de sociol. 5 fr.
Sociologie de l'action. 3 fr. 75

F. Roussel-Despierres.
Liberté et beauté. 7 fr. 50

Romanes.
L'évol. ment. chez l'homme. 7 fr. 50

Russell.
La philosophie de Leibniz. 3 fr. 75

Ruyssen.
Évolut. psychol. du jugement. 5 fr.

A. Sabatier.
Philosophie de l'effort. 2ᵉ éd. 7 fr. 50

Emile Saigey.
La physique de Voltaire. 5 fr.

G. Saint-Paul.
Le langage intérieur. 5 fr.

E. Sanz y Escartin.
L'individu et la réforme sociale. 7.50

Schopenhauer.
Aphorismes sur la sagesse dans la vie. 9ᵉ éd. 5 fr.
Le monde comme volonté et représentation. 5ᵉ éd. 3 vol. 22 fr. 50

Séailles.
Ess. sur le génie dans l'art. 2ᵉ éd. 5 fr.
Philosoph. de Renouvier. 7 fr. 50

Sighele.
La foule criminelle. 2ᵉ édit. 5 fr.

Sollier.
Psychologie de l'idiot et de l'imbécile. 2ᵉ éd. 5 fr.
Le problème de la mémoire. 3 fr. 75
Le mécanisme des émotions. 5 fr.

Sourlau.

L'esthétique du mouvement. 5 fr.
La beauté rationnelle. 10 fr.

Spencer (Herbert).

Les premiers principes. 9e éd. 10 fr.
Principes de psychologie. 2 vol. 20 fr.
Princip. de biologie. 5e éd. 2 v. 20 fr.
Princip. de sociol. 5 vol. 43 fr. 75
 I. *Données de la sociologie*, 10 fr. —
 II. *Inductions de la sociologie.
 Relations domestiques*, 7 fr. 50. —
 III. *Institutions cérémonielles et
 politiques*, 15 fr. — IV. *Institu-
 tions ecclésiastiques*, 3 fr. 75.
 — V. *Institutions profession-
 nelles*, 7 fr. 50.
Justice. 3e éd. 7 fr. 50
Rôle moral de la bienfaisance. 7.50
Morale des différents peuples. 7.50
Problèmes de morale et de socio-
 logie. 2e éd. 7 fr. 50
Essais sur le progrès. 5e éd. 7 fr. 50
Essais de politique. 4e éd. 7 fr. 50
Essais scientifiques. 3e éd. 7 fr. 50
De l'éducation. 13e édit. 5 fr.
Une autobiographie. 10 fr.

P. Stapfer.

Questions esthétiques et religieuses
 3 fr. 75

Stein.

La question sociale au point de
 vue philosophique. 10 fr.

Stuart Mill.

Mes mémoires. 5e éd. 5 fr.
Système de logique. 2 vol. 20 fr.
Essais sur la religion. 4e édit. 5 fr.
Lettres à Auguste Comte. 10 fr.

James Sully.

Le pessimisme. 2e éd. 7 fr. 50
Études sur l'enfance. 10 fr.
Essai sur le rire. 7 fr. 50

Sully Prudhomme.

La vraie religion selon Pascal. 7 f. 50

G. Tarde.

La logique sociale. 3e édit. 7 fr. 50
Les lois de l'imitation. 5e éd. 7 fr. 50
L'opposition universelle. 7 fr. 50
L'opinion et la foule. 2e édit. 5 fr.
Psychologie économique. 2 vol. 15 fr.

Em. Tardieu.

L'ennui. 5 fr.

P.-Félix Thomas.

L'éducation des sentiments. 4e éd.
 5 fr
Pierre Leroux. Sa philosophie. 5 fr.

Et. Vacherot.

Essais de philosophie critique. 7 f. 50
La religion. 7 fr. 50

I. Waynbaum

La physionomie humaine. 5 fr.

L. Weber.

Vers le positivisme absolu par
 l'idéalisme. 7 fr. 50

REVUE PHILOSOPHIQUE
de la France et de l'Étranger

DIRIGÉE par **Th. RIBOT**,

Membre de l'Institut, Professeur honoraire au Collège de France.

31e année, 1909. — PARAIT TOUS LES MOIS.

Abonnement : Un an : Paris, **30 fr.** ; Départ. et Étranger, **33 fr.**
La livraison, **3 fr.**

JOURNAL DE PSYCHOLOGIE
Normale et pathologique

DIRIGÉ PAR LES DOCTEURS

Pierre JANET et G. DUMAS
Professeur de psychologie au Collège Chargé de cours à la Sorbonne.
 de France.

6e année, 1909. — PARAIT TOUS LES DEUX MOIS.
ABONNEMENT : Un an, du 1er janvier, **14 fr.**
La livraison, **2 fr. 60.**

ÉCONOMIE POLITIQUE — SCIENCE FINANCIÈRE

JOURNAL DES ÉCONOMISTES

REVUE MENSUELLE DE LA SCIENCE ÉCONOMIQUE ET DE LA STATISTIQUE

Fondé en 1841, par G. Guillaumin

Paraît le 15 de chaque mois
par fascicules grand in-8 de 10 à 12 feuilles (180 à 192 pages).

RÉDACTEUR EN CHEF : M. G. DE MOLINARI
Correspondant de l'Institut.

CONDITIONS DE L'ABONNEMENT :

France et Algérie : UN AN........ **36** fr., SIX MOIS....... **19** fr.;
Union postale : UN AN............ **38** fr.; SIX MOIS....... **20** fr.
LE NUMÉRO............... **3** fr. **50**

Les abonnements partent de Janvier ou de Juillet.

NOUVEAU DICTIONNAIRE
D'ÉCONOMIE POLITIQUE

PUBLIÉ SOUS LA DIRECTION DE

M. LÉON SAY et de **M. JOSEPH CHAILLEY-BERT**

Deuxième édition.

2 vol. grand in-8 raisin et un Supplément : prix, brochés...... **60** fr.
— — demi-reliure chagrin.................. **69** fr.
COMPLÉTÉ PAR 3 TABLES : **Table des auteurs, table méthodique
et table analytique.**

Cet important ouvrage peut s'acquérir en envoyant un mandat-poste
de 20 fr., au reçu duquel est faite l'expédition du livre, et en payant le
reste, soit 40 fr., en quatre traites de 10 fr. chacune, de deux mois en
deux mois. (*Pour recevoir l'ouvrage relié ajouter 9 fr. au premier paiement.*)

DICTIONNAIRE DU COMMERCE
DE L'INDUSTRIE ET DE LA BANQUE

DIRECTEURS :

MM. Yves GUYOT et **Arthur RAFFALOVICH**

2 volumes grand in-8. Prix, brochés............................ **50** fr.
— — reliés............................ **58** fr.

Cet important ouvrage peut s'acquérir en envoyant un mandat-poste
de 10 fr., au reçu duquel est faite l'expédition du livre, et en payant le
reste, soit 40 fr., en quatre traites de 10 fr. chacune, de deux mois en
deux mois. (*Pour recevoir l'ouvrage relié ajouter 8 fr. au premier paiement.*)

COLLECTION DES PRINCIPAUX ÉCONOMISTES

Enrichie de commentaires, de notes explicatives et de notices historiques
(COLLECTION GUILLAUMIN.)

MÉLANGES (1ʳᵉ PARTIE)

David Hume. *Essai sur le commerce, le luxe, l'argent, les impôts, le crédit public, sur la balance du commerce, la jalousie commerciale, la population des nations ancienn.s.* — **V. de Forbonnais.** *Principes économiques.* — **Condillac.** *Le commerce et le gouvernement.* — **Condorcet.** *Lettres d'un laboureur de Picardie à M. N*** (Necker). — Réflexions sur l'esclavage des nègres. — Réflexions sur la justice criminelle. — De l'influence de la révolution d'Amérique sur l'Europe. — De l'impôt progressif.* — **Lavoisier.** *De la richesse territoriale du royaume de France.* — **Franklin.** *La science du bonhomme Richard* et ses autres opuscules. 1 vol. grand in-8. . . . . 10 fr.

MÉLANGES (2ᵉ PARTIE)

Necker. *Sur la législation et le commerce des grains.* — **L'abbé Galiani.** *Dialogues sur le commerce des blés* avec la *Réfutation* de l'abbé Morellet. — **Montyon.** *Quelle influence ont les diverses espèces d'impôts sur la moralité, l'activité et l'industrie des peuples?* — **Bentham.** *Défense de l'usure.* 1 vol. gr. in-8. . . . . 10 fr.

RICARDO

Œuvres complètes. Les œuvres de Ricardo se composent : 1º des Principes de l'économie politique et de l'impôt. — 2º Des ouvrages ci-après : *De la protection accordée à l'agriculture. — Plan pour l'établissement d'une banque nationale. — Essai sur l'influence du bas prix des blés sur les profits du capital. — Proposition pour l'établissement d'une circulation monétaire économique et sûre. — Le haut prix des lingots est une preuve de la dépréciation des billets de banque. — Essai sur les emprunts publics,* avec des notes. 1 vol. in-8. . . . . 10 fr.

J.-B. SAY

Cours complet d'économie politique pratique. 2 vol. grand in-8. 20 fr.

J.-B. SAY

Œuvres diverses : *Catéchisme d'économie politique. — Lettres à Malthus et correspondance générale. — Olbie. — Petit volume. — Fragments et opuscules inédits.* 1 vol. grand in-8. . . . . 10 fr.

ADAM SMITH

Recherches sur la nature et les causes de la richesse des nations, traduction de G. GARNIER. 5ᵉ édition, augmentée. 2 vol. in-8. . . 16 fr.

COLLECTION DES ÉCONOMISTES
ET PUBLICISTES CONTEMPORAINS
FORMAT IN-8.

VOLUMES RÉCEMMENT PUBLIÉS :

ANTOINE (Ch.). Cours d'économie sociale. 4ᵉ édition, revue et augmentée. 1 vol. in-8. 9 fr.

ARNAUNÉ (Aug.), ancien directeur de la Monnaie, conseiller maître à la Cour des comptes. La monnaie, le crédit et le change. 1 vo. in-8. 4ᵉ édition, revue et augmentée. . . . . 5 fr.

COLSON (C.), ingénieur en chef des ponts et chaussées. Cours d'économie politique, professé à l'École nationale des ponts et chaussées. 6 vol. grand in-8. . . . . 36 fr.
    Livre I. — *Théorie générale des phénomènes économiques.* 2ᵉ édition revue et augmentée. . . . . 6 fr.
    — II. — *Le travail et les questions ouvrières.* 3ᵉ tirage. . . 6 fr.
    — III. — *La propriété des biens corporels et incorporels.* 2ᵉ tirᵉ. 6 fr.
    — IV. — *Les entreprises, le commerce et la circulation.* 2ᵉ tirᵉ. 6 fr.
    — V. — *Les finances publiques et le budget de la France.* . 6 fr.
    — VI. — *Les travaux publics et les transports.* . . . . . . 6 fr.
— SUPPLÉMENT ANNUEL (1909) au *Livre du Cours d'Économie politique.* broch. in-8 . . . . " fr. 75

COURCELLE-SENEUIL, de l'Institut. Traité théorique et pratique des opérations de banque. *Dixième édition, revue et mise à jour,* par A. LIESSE, professeur au Conservatoire des arts et métiers. 1 vol. in-8. 9 fr.

EICHTHAL (Eugène d'), de l'Institut. La formation des richesses et ses conditions sociales actuelles, *notes d'économie politique.* . . 7 fr. 50

LEROY-BEAULIEU (P.), de l'Institut. Le collectivisme, *examen critique du nouveau socialisme.* — *L'Évolution du Socialisme depuis 1895.* — *Le syndicalisme.* 5ᵉ édit., revue et augmentée 1 v. in-8. . . . . . . 9 fr.
— De la colonisation chez les peuples modernes. 6ᵉ édition. 2 vol. in-8 . . . . 20 fr.

MARTIN-SAINT-LÉON (E.), conservateur de la bibliothèque du Musée Social. Histoire des corporations de métiers, *depuis leurs origines jusqu'à leur suppression en 1791,* suivie d'une étude sur *l'Évolution de l'Idée corporative de 1791 à nos jours* et sur le *Mouvement syndical contemporain.* Deuxième édition, revue et mise au courant. 1 fort vol. in-8. (*Couronné par l'Académie française*) . . . . 10 fr.

NOVICOW (J.). Le problème de la misère et les phénomènes économiques naturels. 1 vol. in-8. 7 fr. 50

STOURM (R.), de l'Institut, professeur à l'École libre des sciences politiques. *Cours de finances.* Le budget, son histoire et son mécanisme. 6ᵉ édition. 1 vol. in-8. . . . . 10 fr.

BANFIELD, Professeur à l'Université de Cambridge. Organisation de l'industrie, traduit sur la 2ᵉ édition, et annoté par M. EMILE THOMAS. 1 vol. in-8. . . . . 6 fr.

BAUDRILLART (H.), de l'Institut. Philosophie de l'économie politique. Des rapports de l'économie politique et de la morale. Deuxième édition, revue et augmentée. 1 vol. in-8. . . . . 9 fr.

BLANQUI, de l'Institut. Histoire de l'économie politique en Europe, *depuis les Anciens jusqu'à nos jours,* 5ᵉ édition. 1 vol. in-8. . . 8 fr.

BLOCK (M.), de l'Institut. Les progrès de la science économique depuis ADAM SMITH. 2ᵉ édit. augmentée. 2 vol. in-8 . . . . 16 fr.

BLUNTSCHLI. Le droit international codifié. Traduit de l'allemand par M. C. LARDY. 5ᵉ édition, revue et augmentée. 1 vol. in-8. . . . 10 fr.
— Théorie générale de l'État, traduit de l'allemand par M. DE RIEDMATTEN. 3ᵉ édition. 1 vol. in-8. . . . . 9 fr.

COURCELLE-SENEUIL, de l'Institut. **Traité théorique et pratique d'économie politique.** 3e édition, revue et corrigée. 2 vol. in-18.   7 fr.

COURTOIS (A.). **Histoire des banques en France.** 2e édition. 1 vol. in-8 . . . . 6 fr. 50

FAUCHER (L.), de l'Institut. **Études sur l'Angleterre.** 2e édition augmentée. 2 forts volumes in-8 . . . . 6 fr.

FIX (Th.). **Observations sur l'état des classes ouvrières.** Nouvelle édition. 1 vol. in-8 . . . . 5 fr.

GROTIUS. **Le droit de la guerre et de la paix.** Nouvelle traduction. 3 vol. in-8 . . . . 12 fr. 50

HAUTEFEUILLE. **Des droits et des devoirs des nations neutres en temps de guerre maritime.** 3e édit. refondue. 3 forts vol. in-8.   22 fr. 50
— **Histoire des origines, des progrès et des variations du droit maritime international.** 2e édition. 1 vol. in-8 . . . . 7 fr. 50

LEROY-BEAULIEU (P.), de l'Institut. **Traité théorique et pratique d'économie politique.** 4e édition. 4 vol. in-8 . . . . 36 fr.
— **Traité de la science des finances.** 7e édition, revue, corrigée et augmentée. 2 forts vol. in-8 . . . . 25 fr.
— **Essai sur la répartition des richesses et sur la tendance à une moindre inégalité des conditions.** 3e édit., revue et corrigée. 1 vol. in-8.   9 fr.
— **L'État moderne et ses fonctions.** 3e édition. 1 vol. in-8 . . . . 9 fr.

LIESSE (A.), professeur au Conservatoire national des arts et métiers. **Le travail** *aux points de vue scientifique, industriel et social.* 1 vol. in-8 . . . . 7 fr. 50

MORLEY (John). **La vie de Richard Cobden,** traduit par Sophie Raffalovich. 1 vol. in-8 . . . . 8 fr.

NEYMARCK (A.). **Finances contemporaines.** — Tome I. *Trente années financières, 1872-1901.* 1 vol. in-8, 7 fr. 50. — Tome II. *Les budgets, 1872-1903.* 1 vol. in-8, 7 fr. 50. — Tome III. *Questions économiques et financières, 1872-1904.* 1 vol. in-8, 10 fr. — Tomes IV-V : *L'obsession fiscale, questions fiscales, propositions et projets relatifs aux impôts depuis 1871 jusqu'à nos jours.* 2 vol. in-8 (1907). . . . . 15 fr.

PASSY (H.), de l'Institut. **Des formes de gouvernement et des lois qui les régissent.** 2e édition. 1 vol. in-8. . . . . 7 fr. 50

PAUL-BONCOUR. **Le fédéralisme économique et le syndicalisme obligatoire,** préface de Waldeck-Rousseau. 1 vol. in-8. 2e édit . . 6 fr.

PRADIER-FODERÉ. **Précis de droit administratif.** 7e édition, tenue au courant de la législation. 1 fort vol. in-8 . . . . 10 fr.

RAFFALOVICH (A.). **Le marché financier.** France, Angleterre, Allemagne, Russie, Autriche, Japon, Suisse, Italie, Espagne, États-Unis. Questions monétaires. Métaux précieux. Années 1891-1893. 1 vol. 7 fr. 50 ; 1895-1896. 1 vol. 7 fr. 50 ; 1896-1897. 1 vol. 7 fr. 50 ; 1897-1898 à 1901-1902, chacune 1 vol. 10 fr. ; 1902-1903 à 1907-1908, chacune 1 vol. . 12 fr.

RICHARD (A.). **L'organisation collective du travail,** essai sur la coopération de main-d'œuvre, le contrat collectif et la sous-entreprise ouvrière, préface par Yves Guyot. 1 vol. grand in-8 . . . . 6 fr.

ROSSI (P.), de l'Institut. **Cours d'économie politique,** revu et augmenté de leçons inédites. 5e édition. 4 vol. in-8 . . . . 15 fr.
— **Cours de droit constitutionnel,** *professé à la Faculté de droit de Paris,* recueilli par M. A. Porée. 2e édition. 4 vol. in-8 . . . . 15 fr.

STOURM (R.), de l'Institut. **Les systèmes généraux d'impôts.** 2e édition revisée et mise au courant. 1 vol. in-8 . . . . 9 fr.

VIGNES (Édouard). **Traité des impôts en France.** 4e édition, mise au courant de la législation, par M. Vergniaud. 2 vol. in-8 . . . . 16 fr.

BIBLIOTHÈQUE DES SCIENCES MORALES ET POLITIQUES

FORMAT IN-18 JÉSUS.

Volumes récemment publiés.

AUCUY (M.). **Les systèmes socialistes d'échange.** Avant-propos de M. A. DESCHAMPS, professeur à la Faculté de Droit de Paris. 1 volume in-16 . . . . 3 fr. 50

CHALLAYE. **Syndicalisme révolutionnaire et syndicalisme réformiste.** 1 vol. in-16 . . . . 2 fr. 50

DOLLÉANS. **Robert Owen (1771-1858).** Avant-propos de M. E. FAGUET, de l'Académie française. 1 vol. in-18, avec gravures. . . . . 3 fr. 50

EICHTHAL (E. d'), de l'Institut. **La liberté individuelle du travail et les menaces du législateur.** 1 vol. in-16 . . . . 2 fr. 50

Forces productives de la France (Les). Conférences organisées par la Société des anciens élèves de l'École libre des sciences politiques, par MM. P. BAUDIN, P. LEROY-BEAULIEU, MILLERAND, ROUME, J. THIERRY, E. ALLIX, J.-C. CHARPENTIER, H. DE PEYERIMHOFF, P. DE ROUSIERS, D. ZOLLA. 1 vol. in-16 . . . . 3 fr. 50

GAUTHIER (A.-E.), sénateur, ancien ministre. **La réforme fiscale par l'impôt sur le revenu.** 1 vol. in-18 . . . . 3 fr. 50

LIESSE, professeur au Conservatoire des arts et métiers. **La statistique, ses difficultés, ses procédés, ses résultats.** 1 vol. in-18. . . 2 fr. 50

— **Portraits de financiers.** OUVRARD, MOLLIEN, GAUDIN, BARON LOUIS, CORVETTO, LAFFITE, DE VILLÈLE. 1 vol. in-18. . . . . 3 fr. 50

MARGUERY (E.). **Le droit de propriété et le régime démocratique.** 1 vol. in-18. . . . . 2 fr. 50

MERLIN (R.), biblioth. archiviste du Musée social. **Le contrat de travail, les salaires. la participation aux bénéfices.** 1 v. in-18. . . . 2 fr. 50

MILHAUD (Mlle Caroline). **L'ouvrière en France,** *sa condition présente, réformes nécessaires.* 1 vol. in-18. . . . . 2 fr. 50

MILHAUD (Edg.), professeur d'économie politique à l'Université de Genève. **L'imposition de la rente.** *Les engagements de l'État, les intérêts du crédit public, l'égalité devant l'impôt.* 1 vol. in-16. . 3 fr. 50

MOLINARI (G. de), correspondant de l'Institut, rédacteur en chef du *Journal des Économistes.* **Théorie de l'Évolution.** *Économie de l'histoire.* 1 vol. in-16. . . . . 3 fr. 50

PIC (P.), professeur de législation industrielle à l'Université de Lyon. **La protection légale des travailleurs et le droit international ouvrier.** 1 vol. in-18 . . . . 2 fr. 50

BASTIAT (Frédéric). **Œuvres complètes,** précédées d'une *Notice* sur sa vie et ses écrits. 7 vol. in-18. . . . . 24 fr. 50
    I. *Correspondance.* — *Premiers écrits.* 3ᵉ édition, 3 fr. 50; — II. *Le Libre-Échange.* 3ᵉ édition, 3 fr. 50; — III. *Cobden et la Ligue.* 4ᵉ édition, 2 fr. 50; — IV et V. *Sophismes économiques.* — *Petits pamphlets.* 6ᵉ édit. 2 vol., 7 fr.; — VI. *Harmonies économiques.* 9ᵉ édition, 3 fr. 50; — VII. *Essais.* — *Ébauches.* — *Correspondance.* . . . . . . 3 fr. 50
    Les tomes IV et V seuls ne se vendent que réunis.

CIESZKOWSKI (A.). **Du crédit et de la circulation.** 3ᵉ édit. in-18. 3 fr. 50

COURCELLE-SENEUIL (J.-G.). **Traité théorique et pratique d'économie politique.** 3ᵉ édit. 2 vol. in-18. . . . . 7 fr.

— **La société moderne.** 1 vol. in-18. . . . . 5 fr.

FREEMAN (E.-A.). **Le développement de la constitution anglaise,** depuis les temps les plus reculés jusqu'à nos jours. 1 vol. in-18. . . 3 fr. 50

LAVERGNE (L. de), de l'Institut. **Économie rurale de la France depuis 1789.** 4ᵉ édition, revue et augmentée. 1 vol. in-18. . . . . . . 3 fr. 50

— **L'agriculture et la population.** 2ᵉ édition. 1 vol. in-18. . . . 3 fr. 50

MOLINARI (G. de), correspondant de l'Institut, rédacteur en chef. du *Journal des Économistes.* **Questions économiques à l'ordre du jour.** 1 vol. in-18 . . . . 3 fr. 50

— **Les problèmes du XXᵉ siècle.** 1 vol. in-18. . . . . 3 fr. 50

STUART MILL (J.). **Le gouvernement représentatif.** Traduction et *Introduction,* par M. DUPONT-WHITE. 3ᵉ édition. 1 vol. in-18. 4 fr.

COLLECTION
D'AUTEURS ÉTRANGERS CONTEMPORAINS

Histoire — Morale — Économie politique — Sociologie

Format in-8. (Pour le cartonnage, 1 fr. 50 en plus.)

BAMBERGER. — **Le Métal argent au XIX° siècle.** Traduction par M. RAPHAEL-GEORGES LÉVY. 1 vol. Prix, broché . . . . 6 fr. 50

C. ELLIS STEVENS. — **Les Sources de la Constitution des États-Unis** *étudiées dans leurs rapports avec l'histoire de l'Angleterre et de ses Colonies.* Traduit par LOUIS VOSSION. 1 vol. in 8. Prix, broché. 7 fr. 50

GOSCHEN. — **Théorie des Changes étrangers.** Traduction et préface de M. LÉON SAY. *Quatrième édition française* oiv. du *Rapport de 1875 sur le paiement de l'indemnité de guerre,* par le même. 1 vol. Prix, broché . . . . 7 fr. 50

HERBERT SPENCER. — **Justice.** *3e édition.* Trad. de M. E. CASTELOT. 1 vol. Prix, broché . . . . 7 fr. 50

HERBERT SPENCER. — **La Morale des différents Peuples et la Morale personnelle.** Traduction de MM. CASTELOT et E. MARTIN SAINT-LÉON. 1 vol. Prix, broché . . . . 7 fr. 50

HERBERT SPENCER. — **Les Institutions professionnelles et industrielles.** Traduit par HENRI DE VARIGNY. 1 vol. in-8. Prix, br. 7 fr. 50

HERBERT SPENCER. — **Problèmes de Morale et de Sociologie.** Traduction de M. H. DE VARIGNY. 2e édit. 1 vol. Prix, broché. . 7 fr. 50

HERBERT SPENCER. — **Du Rôle moral de la Bienfaisance.** (*Dernière partie des principes de l'éthique*). Traduction de MM. E. CASTELOT et E. MARTIN SAINT-LÉON. 1 vol. Prix, broché . . . . 7 fr. 50

HOWELL. — **Le Passé et l'Avenir des Trade Unions.** *Questions sociales d'aujourd'hui.* Traduction et préface de M. LE COUR GRANDMAISON. 1 vol. Prix, broché . . . . 5 fr. 50

KIDD. — **L'évolution sociale.** Traduit par M. P. LE MONNIER. 1 vol. in-8. Prix, broché. 7 fr. 50

NITTI. — **Le Socialisme catholique.** Traduit avec l'autorisation de l'auteur. 1 vol. Prix, broché . . . . 7 fr. 50

RUMELIN. — **Problèmes d'Économie politique et de Statistique.** Traduit par AR. DE RIEDMATTEN. 1 vol. Prix, broché. . . . . . 7 fr. 50

SCHULZE GAVERNITZ. — **La grande Industrie.** Traduit de l'allemand. Préface par M. G. GUÉROULT. 1 vol. Prix, broché. . . . . . . 7 fr. 50

W.-A. SHAW. — **Histoire de la Monnaie (1252-1894).** Traduit par M. AR. RAFFALOVICH. 1 vol. Prix, broché . . . . 7 fr. 50

THOROLD ROGERS. — **Histoire du Travail et des Salaires en Angleterre depuis la fin du XIII° siècle.** Traduction avec notes par E. CASTELOT. 1 vol. in-8. Prix, broché . . . . 7 fr. 50

WESTERMARCK. — **Origine du Mariage dans l'espèce humaine.** Traduction de M. H. DE VARIGNY. 1 vol. Prix broché. . . . . . . 11 fr.

A.-D. WHITE. — **Histoire de la Lutte entre la Science et la Théologie.** Traduit et adapté par MM. H. DE VARIGNY et G. ADAM. 1 vol. in-8. Prix, broché . . . . 7 fr. 50

www.ingramcontent.com/pod-product-compliance
Lightning Source LLC
LaVergne TN
LVHW020121060726
842526LV00004B/1217